Cover photo : fuji kayo

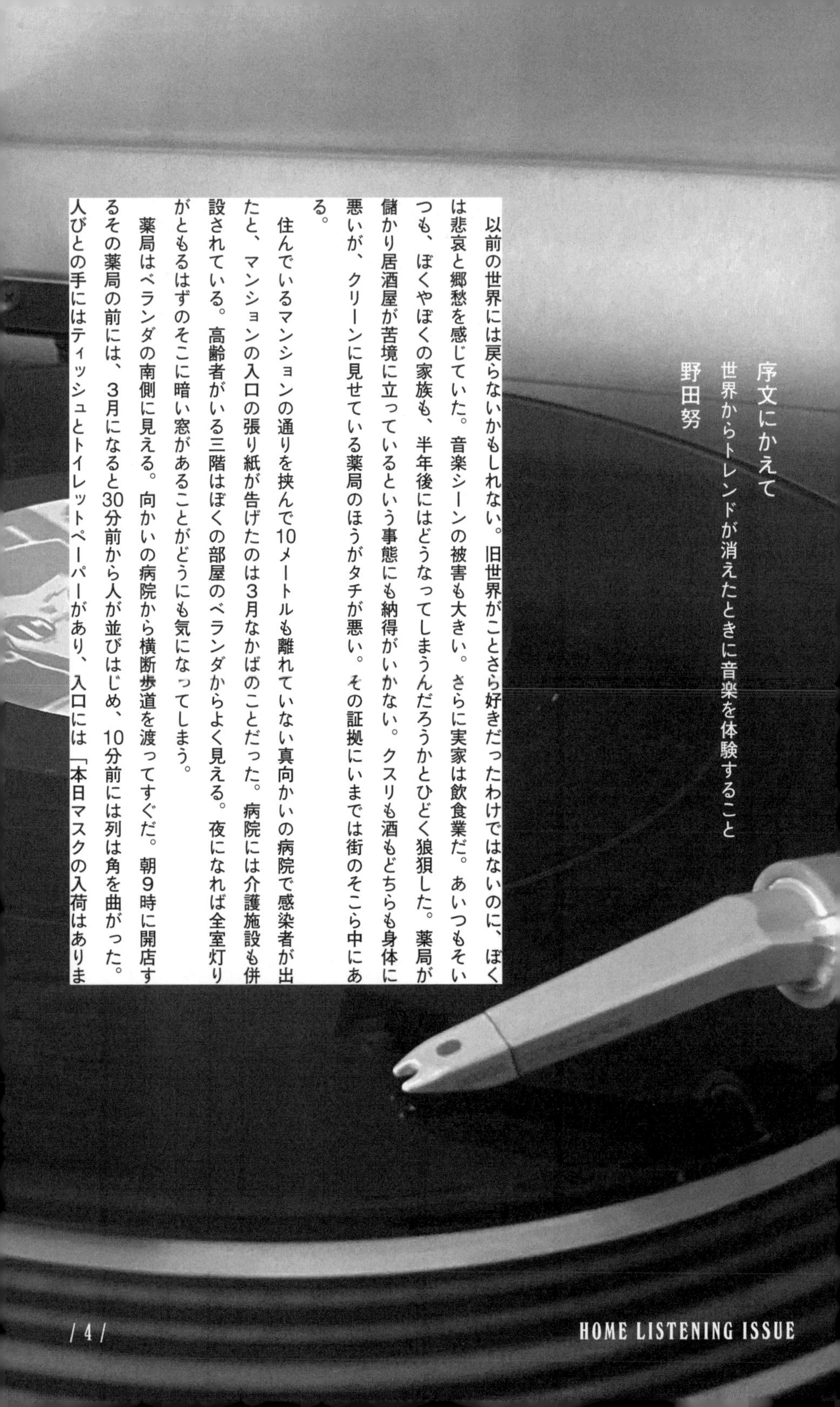

序文にかえて

世界からトレンドが消えたときに音楽を体験すること

野田努

以前の世界には戻らないかもしれない。旧世界がことさら好きだったわけではないのに、ぼくは悲哀と郷愁を感じていた。音楽シーンの被害も大きい。さらに実家は飲食業だ。あいつもそいつも、ぼくやぼくの家族も、半年後にはどうなってしまうんだろうかとひどく狼狽した。薬局が儲かり居酒屋が苦境に立っているという事態にも納得がいかない。クスリも酒もどちらも身体に悪いが、クリーンに見せている薬局のほうがタチが悪い。その証拠にいまでは街のそこら中にある。

住んでいるマンションの通りを挟んで10メートルも離れていない真向かいの病院で感染者が出たと、マンションの入口の張り紙が告げたのは3月なかばのことだった。病院には介護施設も併設されている。高齢者がいる三階はぼくの部屋のベランダからよく見える。夜になれば全室灯りがともるはずのそこに暗い窓があることがどうにも気になってしまう。

薬局はベランダの南側に見える。向かいの病院から横断歩道を渡ってすぐだ。朝9時に開店するその薬局の前には、3月になると30分前から人が並びはじめ、10分前には列は角を曲がった。人びとの手にはティッシュとトイレットペーパーがあり、入口には「本日マスクの入荷はありません」と書かれた看板が立っていた。ぼくもこの列に何度か並んでいる。

いやまったく、ぼく自身がコロナに支配されていたのは間違いない。ニュースのチェックだけではモノ足りず、友人たちとZOOMを使って情報交換までした。ま、流行りのZOOM飲み会に高じてみただけのことではある。しかしながら、内心ビビってもいた。自慢ではないが、耳に入ってくる陰謀論から何から、目に入ってくるツイッターからブログまで、そのひとつひとつにいちいち振り回されていたと言っていいだろう。我ながら大人げないというか修行が足りないというか……コロナでもなんも変わらない、動じなかったという人たちが羨ましい。しかしまあ、三田格などは2月の時点でマスクはおろか、打ち合わせのときもしっかり消毒液で消毒していたもので、3月下旬にはゴーグルと手袋を着用し、頭から全身を衣類で包み込んでいる人の姿を電車やスーパーで見られるようになったのだから、感染することへの恐怖がおしなべて大きかったことは事実だ。

サッカーのJリーグは2月16日に最初の試合があった。すでにこのときスタジアムに行った多くの人はマスクをしている。ダイヤモンド・プリンセスで10人の感染者が確認されたのは2月5日のことなのだ。それから1週間後の試合は予定通りにやったが、翌週には協会が全試合の延期を決定した。それでも東京オリンピックは、2月27日の時点で開催の意向を表明し、聖火リレーを3月なかばまで続行させた。延期を決めたのは3月24日のことで、欧米の有力メディアからの批判が噴出しはじめて数週間経ってからのことだった。

そんなわけで、3月後半にはもうほかのことは考えられなかった。いま何が起きているのかを知りたかったので、『コロナが変えた世界』というムックを編集部の小林拓音と作ることにした。とはいえ、ウイルスが発見されてまだ1年も経っていない現実においては、巷に拡散している言説のすべてが仮説の域を出ない。それに果たして、いつか有効なワクチンが普及したとしても旧世界がすぐに再現されるという保証もない。

かつて音楽はムーヴメントだったが、21世紀にあるのはトレンドだ。今日音楽ライターは、音楽の本質を探究するよりもトレンドを追いかけることに忙しい。利潤追求型ではない音楽に機会を与えるという社会的な価値において重要だったインディ・シーンも、ファスト・ファッションのようになりつつある。それなりにお洒落だが数ヶ月後には飽きられているというわけだ。そして、それに変わる新しい音楽=情報も次から次へと更新されている。この速度こそ、いまの音楽産業のひとつの局面であることは疑いようがない。

コロナ騒ぎのなかでひとつ良かったのは、トレンドとしての音楽が無効化されたことだった。情報としての音楽が停止した。あるいは情報としての音楽に人は関心を示さなくなった。さらに良かったのは、トレンドのない世界においても音楽が消えなかったことだ。いや、むしろそれどころか、ぼくは音楽をいつにも増して欲していた。未曾有の事態の真っ直中の特殊な精神状態において、どんな音楽がリアルに思えるのか、どんな音楽が自分に響くのかを試してみたくなったのである。

あるインディ・レーベルの人から聞いたところによると、コロナ渦における配信の再生回数はとくに伸びなかったそうだ。それはわかる。配信における音楽は情報だ。質より量、広く浅く、それは現代的な音楽の消費のあり方のひとつだ。BGMであり、ネタであり、ファッションであり、表層（surface）である。その手のユーザーは空いた時間を敢えて音楽のために割いたりはしないだろう。

だが、トレンドが消えた無風状態に音楽を聴くことは、チャンスでもある。深み（depth）や

感銘（affect）をともなう音楽リスニング、情報を消費するのではない、体験（experience）としての音楽リスニング。ここで重要なのはアマゾン・レビューでも世間の評価でもない。個人にとってそのときその音楽がどれほど大切なのかであって、作品はジャンルも国も年代もすべてシャッフルしたなかから選ばれる。企画を考えながら、音楽好きの友だちの家に行って何時間もレコードを聴いていた我が若き日々を思い出さないわけにはいかなかった。そこには聴かれる音楽があり、音楽を聴くための時間も確保されていた。コロナはその時間を回復させたのである。

　個人が深く聴く音楽にはかならず〝意味〟がある。ぼくが最初に聴いたのはアーサー・ラッセルの『Tower Of Meaning』だった。「意味の塔」——なんというタイトルだろう。チェロによるシンプルな楽曲だが、いまにも天使が舞い降りてきそうだ。過剰な演奏ではないというのに、どこか突き抜けた感情を抱かせるこの作品をぼくは愛している。クラスター&イーノの2枚のアルバム（『Cluster & Eno』と『After The Heat』）もぼくの定番だ。非日常を志向する音楽とは逆のベクトルを持った音楽で、「意味の塔」と同じく日常と地続きで鳴っている。コロナ騒ぎの初期段階の、うろたえ、混乱した状態において、これら音楽は優しく、冷静で、気高かった。

　さらに定番が続く。リズム・イズ・リズムの「Beyond The Dance」は奇跡としか言いようがない。涙が邪魔をしなければ、この曲の素晴らしさについて1時間は喋れるだろう。というのは嘘で、本当はこの曲からほとばしる愛をいまだにどう表現していいのかわからない。近年ぼくの定番に加わったコリーンの『A Flame My Love, A Frequency』についてもそう思う。これにも独特の高揚感と平穏が入り混じっている。「世界から分離するのは／雨が降るようなもの／海の底に落ちる」……糸のような電子音のはかなさをもって歌われるこの歌詞は、もともとはパリのテロ事件に触発されて書かれているが、コロナ渦にもぴったりである。

メランコリーと言葉に浸るのも悪くはないだろう。麦芽発酵の液体を体内に流し込みながら、ウルトラヴォックスの〝Just For A Moment〟を聴く。これは歌詞を紹介するだけで十分だ。「灯りが消えるなか窓辺で話す／ぼくの声が途切れるのを聴いた／ほんの少しだけ／灯りが消えるなか窓辺で話している／ぼくは床が海に変わるのを感じた（I felt the floor change into a ocean)」「ぼくたちはここを離れやしない／ずっとここにとどまる／そして街が静かになったとき（And when the streets are quiet）／ぼくたちは無音のなかを歩き出す（We'll walk out in the silence)」――まったく、このときのために書かれたような、42年前の曲である。

　パリのテクノDJ、ロラン・ガルニエはロックダウン中にテクノが聴けなくなったと言っているが、まあ理解はできる。ぼくも当初はやかましい音楽が聴けなかった。テンポが速い曲やトランシーな曲、嬉しい悲しいとか、ハッピーとか、感情がわかりやすい曲も聴けなかった。が、5月に入って、コロナ渦の新世界に慣れてくるにつれ、選択の範囲は広がった。そこで十数年振りに聴いたのは、GZAの「Cold World」とメスカリナム・ユナイティッドの「We Have Arrived」のエイフェックス・ツインのリミックスだった。前者は寒々しいヒップホップ、後者はメランコリックなハードコア・テクノ、90年代という共通点以外に何かあるとしたら、荒んでいく景色のなかの恍惚とでも言えばいいのだろうか。

　トランシーな音楽を避けていたのにも関わらず、80年代にリリースされた75年の音源『Descending Moonshine Dervishes』を聴きたくなったのは、40分過ぎになってからの、花びらが舞うような牧歌的な展開をいままた確認したくなったからだった。そして、この長尺のミニマルが終わったら、トロージャンから出た初期レゲエの3枚組コンピレーション『The Trojan Story』をターンテーブルに載せることも決めていた。コロナ騒ぎの直前に永眠したアンドリュー・ウェザオールも飯島直樹も、レゲエが好きだった。ジャマイカの愛らしいポップスを聴いて

いるときには、ぼくもだいぶ平常心を取り戻していたんじゃないかと思う。ここまでが、4月以降ぼくがパニくってから回復するまでの流れである。それから5月も後半になると、この間亡くなった偉大なるトニー・アレンのマスターピース『Progress』をかけて、部屋でひとり踊ることだってできた。コロナ後の世界がじょじょに見えはじめた頃には、アグレッシヴで、やかましい音楽が聴きたくなった。が、やかましい音楽に世界が熱狂できるのがいつになるのかは、一見、旧世界に戻ったかのように見える現在においてもわかっていない。

野田努が選んだ10枚

Arthur Russell – Tower Of Meaning – Chatham Square Productions（1983）
※筆者所有は2006年の再発CD盤『First Thought Best Thought』

Cluster & Eno – Cluster & Eno – Sky（1978）

Rhythim Is Rhythim – Beyond The Dance – Transmat（1989）
※筆書所有はシングル盤。収録曲は『Innovator』に収録。

Colleen – A Flame My Love, A Frequency – Thrill Jockey（2017）

Ultravox – Systems Of Romance – Island（1978）

Genius / GZA Featuring D'Angelo And Inspektah Deck a.k.a. Rollie Fingers – Cold World – Geffen（1995）
※筆書所有はシングル盤。アルバム『Liquid Swords』に収録

Mescalinum United – We Have Arrived (Remixes By Aphex Twin & The Mover) – R & S（1992）
※筆書所有はシングル盤。アルバム『Classics』に収録

Terry Riley – Descending Moonshine Dervishes – Kuckuck　–（1982）
※筆書所有は2016年の再発CD盤

Various – The Trojan Story – Trojan（1980）

Tony Allen Plays With Afrika 70 – Progress – Coconut（1977）
※筆書所有は2000年の再発CD盤

EYヨ
流動均衡、傾聴、リーセシス、自軸、パンコイド77
EYヨの現在地をめぐる十の指標

Fluid-Balance, Hear, Recesses,
Self-Shaft, 77 Sounds or Dada

photo: fuji kayo

今回の企画をやるとなったとき、まっさきに声をかけたのがEYƎだった。いわずと知られたボアダムスの中心であり、サウンドとアートの領野でいまやその存在を無視できない作品を世に問いつづける彼はこのパンデミック下の暮らしで音楽にどのように向き合い、なにを聴いているのか。おそらくそれは市場の動向とか流行り廃りとかのような小さなことではなく、その外側に広がる音（楽）の広大無辺さにふれる問いかけになるのではないか、そのように考え、関西のEYƎと回線を結び濃密な数時間をすごした。

――コロナパンデミックのなかでEYƎさんの生活に変化はありましたか。

EYƎ　外出もしないほうなので、最初はあまり変わらなかったんですけど、長くなってきてちょっとちがってきました。ひさしぶりの外出で街にいくと外部的な環境の変化を感じますよ。

――ふだんはどういう暮らしぶりなんですか。

EYƎ　なかなかダラしないです（笑）。世のなかの時間軸とほとんどパラレルに、ときどき交差する点をみつけてハッとするというか（笑）。コロナのパンデミックになってから夜寝て朝起きて太陽をみるという暮らしをひさしぶりにやりました。

――一周回って元に戻ったんですね（笑）。私たちはいまオンラインで話していますが、取材前にEYEさんの最近の作品として展覧会《レコーン》のカタログをいただきました。EYEさんのここしばらくのメインの活動はアートの領域なのでしょうか。

EYƎ　なにがメインなのかという序列はないまま、サウンド……それからアートの、どちらかでなくインターバルに設置されたある種、バルド的な中間域を自分のなかでいろいろみつつといった感じですね。

――《レコーン》は2019年の暮れの開催でしたね。

EYƎ　その年の秋に大田区の京浜島であった《鉄鋼島フェス》にこの作品で参加しました。1日だけでしたが、その後神宮前のギャラリー「Block House」で個展としてふた月ちかく開催しました。2017年の札幌芸術祭（大友良英キュレーション）で《ドッカイドー》というインスタレーションをやったんですが、その作品はストイックでミニマルだったので《レコーン》ではそれが反転して吹き出した気がします。

――《ドッカイドー》はどんな作品なんですか。

EYƎ　記号の読み方のことで、〝ドットと海とドット〟のことなんですが、そのドットと波の構成言語〔次ページ図版参照〕を会場にインストールしたくて、ヨガマットにドットを打っていき、その記号を3D構成しました。〝Dot Cay Dot〟と〝北海道〟

ドッカイドー言語

との音韻掛記号です。ヨガマットってグリッドがあるじゃないですか、シートのマスのようなもの。

――ありますね。

EYƎ　あれ1枚につき４０００マスくらいあります。あのグリッドを細かくみていくと、ひとつひとつちょっとずつ大きさも型もちがいます。メーカーはもちろん、個々の製品でもちがう。それをひとマスずつ認識して、蓄光（夜光）メディウムでドットを打っていきます。1枚につき３０００ドットほど、それを３００枚制作して暗転空間に敷き詰めた作品が《ドッカイドー》です。フィナーレで《ドッカイドー》に水槽とその4角に音響設備を設置し、蓄光ドット状のアクアスーツで水槽に浮いて水中での身体の動きを音に変換した《ドットリーム》と題したサウンドインスタレーションを4時間やりました。自分の性質上、膨大な時間をかけてミニマルな作業を延々と行うのはあまり向いていなかった、と制作しながら思いましたが、シートのマスのどの位置に点を打つかを認識しくりかえしていると、使わずに忘れていた部分が再始動する感覚になりました。それに、微視的なものと巨視的なもののクロスするポイントは、いちどそこに気づくとハマってしまいますよね。

——《ドッカイドー》はこつこつ積み上げる作業だったんですね。

EYE　いままではまず投げ出して、それがいったいなんだったのか、自分はなにをやったのかを確認していくことが多かったですが、《ドッカイドー》は自分にしては最初の設計からあまりブレなかったです。もちろん追加でみえてきた部分も多かったですが。

《レコーン》はぼんやりしたつながりのなかではじめました。LPレコードの大きさって決まっているじゃないですか。レコードの規格にはある種の安定性とかっこよさと馴染みのよさがあって、いろんなものに通じている黄金律だと思っていました。じっさいあの大きさは色んな規格サイズになっていて、ホームセンターにも植木鉢とかプランターとか、ちょうどすっぽりレコードが入る大きさのものがある。だったらカラーコーンの下の丸い部分はどうだろうなと思って、レコードを入れたら、そのための額縁みたいにバスッとハマッちゃった。

——あれはもともとピッタリの大きさだったんですね。

EYE　製品にもよりますよ。安い製品は個体差が大きくてハマらないものもあります。ちゃんとしたメーカーのはきちんとハマりました。レコードがぜんぜん落ちない。

——レコードの形状と大きさが《レコーン》制作のきっかけだった、と。

EYE　僕はレコードというものをちゃんとジャケットに戻さないんですね。聴いていたレコードのジャケットがどこにあるかわからなくなって別のジャケットに入っているというシャッフル機能があってそれはそれでおもしろいんですが、レコードでDJをやっていた時代は悩みのタネでした。でも逆に考えるとジャケットのないレコードが家のなかにいくらでもあるわけです。カラーコーンは最初テーブルの台（脚）としてつかっていました。四つ置いてその上にコンパネを載せれば1500円くらいで大きなテーブルができるんです。

——不安定な気がしますが。

EYE　それが逆に助かる部分でもあります。移動したい場合はグッと力を加えるとその方向にグライドして動くのが利点です。そういった意味で均衡がとりやすい。さいわい家にはカラーコーンもけっこうある。そこでジャケットが行方不明のレコードをコーンの穴にドンドン入れて行きました。もともとテーブルでつかっていたカラーコーンの内部にスピーカーを入れたりiPhoneを入れたりしてテーブルに頭をつっぷして聴いていたりしていたのもあって、カラーコーンはレゾネイターとしても重宝していました。

———カラーコーン越しの音はどういった感じなんですか。

EYƎ　骨伝導の音——ではあるんですが、自分のちょっとした身体の動きや額の角度なんかで音が変わります。それで、頭をテーブルで按摩しながら聴いたり、カラーコーンにブルートゥース・スピーカーを入れてレコードで蓋をし、それを枕にして後頭骨で音のポイントを探る。するとはじめてヘッドフォンで音楽を聴いたときの感動、音に過不足なくつつまれ没入する感じがよみがえったんです。

———枕にするというのはコーンを寝かしてそのうえに首を乗せるということですか。

EYƎ　そうそう。コーンを寝かして、後頭部を乗せて位置を探っているとコーンが凹んできますけど、ライヴ盤などをヘッドフォンではじめて聴いたときのほんとうにそこに居合わせてる感じになるよい凹みポイントを見つけて。

———《レコーン》ではそれをインスタレーションに展開したということですね。

EYƎ　それはメインコンセプトではないんですが、そういうサウンド・ピローに使えるレコーン作品があり、それはスピーカーが入っているのでスコーンといいます。レコードを入れたものがレコーンで、コーンにセンサーの入ったサコーンという、演奏可能なインストゥルメントの作品もあります。それを設置して鑑賞者に反応するサウンドインスタレーションを同時に行いました。

———カタログには付録の7インチがありますが、サコーンで制作したんですか。

EYƎ　片面のラガシンゲリふうの曲はちがいますが、もう片面はサコーンをつかってスコーンで音を出したライブ録りです。そもそもレコーンはトウモロコシ科の植物の想定なんです。レコード盤面ペインティング作品はレコミと名づけましたが、それは発芽したレコーンから飛び出る実で、サコーンの音をスコーンで鳴らすのが、落実するさいの発生音という想定でした。そのレコミを収穫し標本を壁に展示している状態です。そのレコミがまた発芽してレコーンに育つ。

———循環する世界観に基づいた作品なんですね。

EYƎ　最初にはそういうふうに想定していなくて、モノをつくっていくといつのまにか避けがたくなる部分としてあらわれてきました。《ドッカイドー》でも蓄光の塗料を一点ずつずっと落としていったのを離れてみると螺旋系にゆるやかなカーブを描いていて、それがある種の暴露性をもっているように感じることもありました。

——言い方が正しいかはわかりませんが、それは人間の生物学的、遺伝的な特性に起因するということですか。

EYƎ　DNAレベルのことを作品に投影しようという意図はなかったです。とにかく白紙の状態で、でも手持ちのものがなにかあるはずだから、まずやってみて、というところですね。あるモノをみてフォルムをどう解釈するかという楽しさがあるじゃないですか。そのへんで興味を示したことを、ただ作品にしたということですね。

——京都の宿泊施設の一室をつかった滞在型の作品《D/R/M》も近作ですね。この作品は《ドッカイドー》と関係があるようですが。

EYƎ　《ドッカイドー》と《ドットリーム》のあとで、作品を素材に、ホテルの部屋に展開したものです。（人間の）耳の構造を部屋という空間にあてはめてみたということですね。ドアが耳タブで入口の通路が外耳道。L字通路の角を鼓膜にみたてて、フリッカーとシンクノイズがマキシマムに向かうマックスで、鼓膜を突き破って内部に、つまり中耳に入っていく。この中耳に見立てた寝室への通路でバットキッカーを使用して、暗闇の中、段階状に超低振動を発生させ、寝室に到達する。三半規管としてのデスクやベッドの奥に内耳の蝸牛・エイペックス（Apex）という秘密の部屋があり、ここがリーセシスな局面としての変容場で体験者の動きを加算して音と頭上の蓄光粒子の動きが変容していきます。作品名の《D/R/M》は「Dot/Recesses/Meta（点/最奥の凹/変容）」「Eardrum（鼓膜）のDrm」「DotRooM（点/部屋）」といったトリプルミーニングに由来します。粒子、音素でもいいんですが、ドット状のものがもっとも奥まったところ、リーセシスな局面になるのがApexルームなのではないかという考えで、粒子はそこでそれ自体を超えて変容する、メタモルフォーゼする、ある意味では量子力学的なものを妄想しながら鼓膜を突き破り内耳器官に入って体験するということですね。

——これまでの話を総合するとEYƎさんは「聴く」という行為やレコード的なメディアをモチーフとしてとりあげることが多いですが、それは音にたいするこだわりですか。

僕はレコードというものをちゃんとジャケットに戻さないんですね。聴いていたレコードのジャケットがどこにあるかわからなくなって別のジャケットに入っているというシャッフル機能があってそれはそれでおもしろいんですが、レコードでDJをやっていた時代は悩みのタネでした。

EYヨ (音は)単位としてすごく小さいというかツブツブにするとみえないしつかめないけど、鼓膜への圧など両義性があるといえますし、それを感じるやり方が無数にあるという点では再体験性が高いとも思うんですね。また(音は)極端に横断的なものなので、どこからでも携われるし戯れられる。波という物理的な側面で考えるとどのような事象でもそういうふうにいえてしまうし、制度ということでいえば音楽と音は関係ないという言い方もあったと思うんです。

——ありましたね。

EYヨ 1980年代でしょうかね。そういったタームがありました。僕がそれを聞いたときに混乱したのは僕にとって音楽は最初から音だったから。音と音楽は関係ないということは、音を聴くとき、音楽という制度を持ち込まず純粋に聞くことなのかな——くらいの認識にはなりましたが。そういった意味でも音には許諾すると同時に否定するようなアンビバレントな意味が内包されている。今回あげた自分の作品も、そういう方向性が自分のなかに感じられるものが多くて、それがこの時期というのと結びついたのはありますよね。とはいえ、ここにあげた作品のエッセンスはいろんな音楽のなかにあるので、限定的なことではないですよ。

——EYヨさんの今回のセレクトのポイントを教えてください。

EYヨ 「この時期ならではの」というオファーだったので、その見方が意識を占めていて、純粋な好みかといわれると微妙な気もしますが、セレクト作品に受動的な救済性とかはないです。自分自身パンデミックがはじまったころによく聴いた作品が中心です。最初に思ったのは音を聴いて能動的にアウトバランスな、流動的な均衡をとるということ。この時期はそのことの有効性がひじょうに高いと思っていました。

ケンセニアン・ジャワ・スタジオ・ジョグジャカルタ『それはそれ』

——最初にあげていただいたのは——

EYヨ 順列に意味はないんですが、これです(といってこちら側にみえるようジャケットを画面の前にかざす)。10インチメインのジャワの、ガムランなんかも出しているレーベルのリリースですが、ここのは音がすごくいいんですよね。内容は歌とガムランで、ほかに当時のジャワポップのような曲もリリースされてますが、もってるロカナンタ盤に関していうと、自分にとってはこれこそレコードの音だという〝This Is It感〟があります。

——どの部分がレコードらしいのでしょうか。

EYヨ 解像度のあり方でしょうか。空間

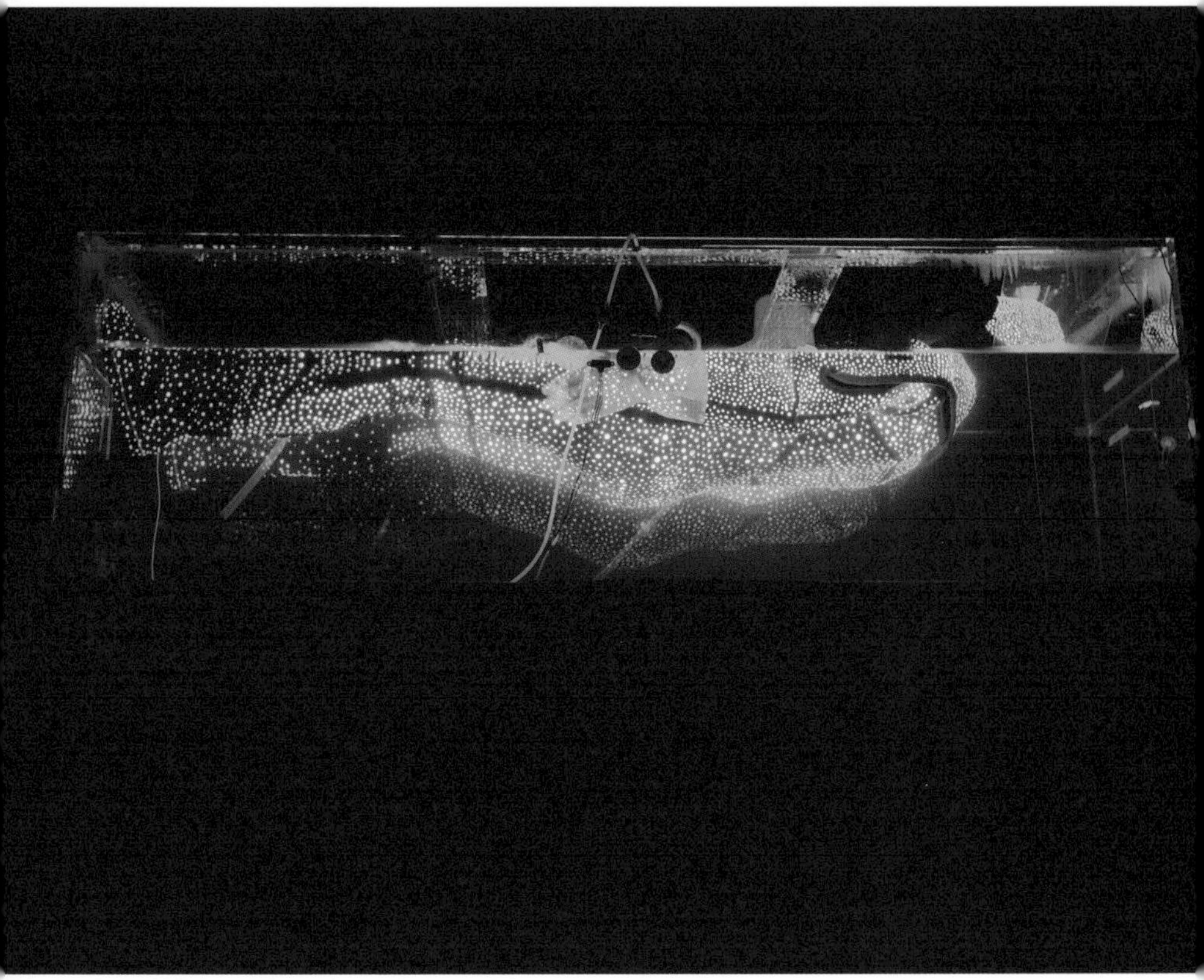

「札幌国際芸術祭2017　札幌芸術の森会場「NEW LIFE：リプレイのない展覧会」内のEYƎ作品「ドッカイドー／・海・」の最終日に、EYƎ自らが展示空間で行なったサウンド・インスタレーション「ドット・リーム｜DOT LEEM」　photo: 小牧寿里

EYƎ《D/R/M》/ BnA Alter Museum, photo by Tomooki Kengaku

性が濃いんですね。印刷でインクを思いきり盛る〔編註：インクの量を基準値より多くする〕感覚です。ジャケットはエンボス加工なんですが、これもまた（色が）濃いんですよ。インクを盛って滲んでいるのと似たような空間性をもつ音楽というと、「滲む」ということばの印象からドリーミーというような解釈が生まれるかもしれませんが、このレコードには浮遊感ではなくてなにか、たしかさがあります。音の正面玄関にあるのが、永続性やリアリティというか。ドリーミーではない曖昧な細密さでもって、もうひとつの解像度が用意されている。オルターレゾとでもいえばいいでしょうか（笑）、リリース当時の50年代の時系は無効になってて、たぶん時間軸が空間に集約されてしまったような感じなんですけど、跳躍的な情報が空間に圧縮されているような。これがレコードの音だった、というのは香川で讃岐うどんを食べて、これがうどんだった、というようなビンゴ感です（笑）。

——ハイファイではないけれども解像度が高い？

EYヨ　むしろこれがハイファイなのかもしれないし。録音はたぶん1950年代で、録音もワンマイクだと思うんですが、空間のディテールが濃い滲み方で伝わってくるのは、思いきり色を盛って濃密なのにパース（遠近感）を保っているせいかもしれません。これやほかのジャワガムランの盤も数学的な美しさとか構造性とかとはちょっとちがって緩いんです、テンポも。バリガムランのような突発的な性急さはなく、最初に聴いたときは45回転ではないのか？と思いました。でも33回転と書いてあるので指定通りの回転数で聴いたら、スクリューしているみたいに音が濃密にジューシーに空間に滲んできました。それにこの盤は歌もすばらしいですね、歌というか声の響き方ですね。

シキル・アインデ・バリスターと彼のフジ・グループ『Vol.6』

——2番目のこれはアフリカの音楽ですよね。

EYヨ　これですね（といってジャケットを画面にかざす）。ヨルバのフジです。アフリカの雑貨が置いている店でみつけました。これも盤の音がすごくいいんです。それこそグニャ〜っと均衡がとれる、流動均衡ベース音楽です。トーキングドラムの打点のテンションと、ベンドするディケイ（音の減衰）やサステイン（音の伸び）のトランキライズとの攻め合う均衡性がすばらしい。聴いているとこっちも均衡がとれてきて、その動的な均衡状態でくりひろげられる低音の薬理的で言語的な効果が際立ってきます。

——インストですか。

new age harsh tiki (2005)

EYヨ　声のひとがフジミュージック創始者です。押しつけがましさはなく、さほどもりあげる感じもなく、即物的にひたすらバウンシーなリズムと一緒に跳ね返ってくる声です。小杉武久さんがヴォイスをやっているデヴィッド・テュードアの『Pulsers / Untitle』と似たような即物的な均衡性や中立性を感じます。どっちも動物と戯れるような感じなんですね。パンデミックがはじまったころ、これをベースのツマミをフルテンにしてお相撲さんみたいに四股を踏みながら聴いていました。すると元に戻るといいますか、元がなにかというのはありますけど、夜寝て朝起きるようにはなりましたが、とりあえず、これを聴いていたらワクチン打たなくてもよさそうです。

――身体が自然に反応するんですか。

EYヨ　能動的に体の反応に任せて放置すると薬理的な効果で、血管なりリンパなりに直接作用する感覚です。これを聴きながら、日常の制度的な動きではない、まぁヘンな動き、伸びをするんだけど、アウトバランスというか。斜め上方に腐ったバナナが垂れるみたいに伸ばしたり、腰を痙攣させながら首や目の動きとはバラバラに回したり、ひとが嚙んだあとのチューイングガムになったような気持ちでそんな流動体的な動きを気づくと台所でやっていました（笑）。

ナヴァル『ジ・アルバム』

――つづいて3番目のナヴァルはどうでしょう。

EYヨ　ナヴァル（Narwal）はジャケットに載っていますが、イッカクの意味ですね。このレコードは広げると（といって畳んであったジャケットを広げる）こうなります。

――ポスタージャケットですね。

EYヨ　これもまたシルクスクリーンで（印刷が）濃い。やっているのは、デファブリックかエスプレンドー・ジオメトリコ関連のひとだと思うんですけど、インダストリアル感は皆無で、フローティング感はありますけど、それも表層的な印象のことで、脳みそを水面に浮かべる感じよりも隠されているものがフロッタージュされて焙り出されてくる開示的な感じですね。眠りとは反対のウェイクアップコール的な導入といいますか――、いやスヌーズ機能というんでしょうか。ジェントルだけどドラスティックにその世界に誘われるエスコート上手なレコードやと思います（笑）。さっきのジャケットのテクスチャーもさわるとベトベトしてて、それもふくめて音との濃厚接触です。ノングラビティな音像ですが、やっぱり夢見心地ともちがう。夢をドリーミーととらえると、ほんわかしたイメージですが、じっさいの夢はトレブリーなクロスカッティングや切り返し（カットバック）

の連続で突発的でほわほわしてないじゃないですか。ほわったドリーミーではなく、構造とかルールとかは隠されていて読みにくく、しかし瞬間的に浮かび上がってくる多層的なイメージが膨大なんですね。これもロカナンタ盤のようにフェイズの違う解像度、いうなればオルターレゾを思わせるドット粒子の見え方がある気がします。オルターレゾって、聴き手のセルフシャフト、中心にある柱のようなものの存在性もセットになってて。そうすれば、手持ちの情報、手弁当でいけるようにもなる。外側のカタログを増やすこともなく定点観測でみわたすとき細部がみえたり、音に向かい合うポイントによってどんどんグライドして変化したりするような、そういう手元でのロータリー感が気持ちいいんですよね。

さきほどおっしゃった印刷の手法もふくめて、EYƎさんは記録媒体の形状や素材といったフィジカルな感覚こみで音楽にふれている気がしますが、その点についてはどうでしょうか。

EYƎ もちろんジャケットは重要です。音楽を聴きはじめて、レコード屋に行っていたころに試聴ができなかったのはしあわせだったと思うんです。

しあわせですか?

EYƎ もちろん聴きたいですよ。聴けたらいいですけど、お金もないし「試聴させてください」といいにくいテンションが当時のレコード屋さんにはありましたよね。

それはたしかにそうでした。

EYƎ とてもじゃないけど、中学生はそんなこといえない。そこでレコードのジャケットを眺めるだけで、一気に脳内に音が生成する方法を身につけなければならない。その音を超えるレコードってなかなかないんですけど。まあ裏切られてすごいというのはありますし、別の意味で良かったというのもあって、そういうときがいちばんうれしいものですが。このナヴァルのレコードもどこでいつ買ったかは憶えていませんが、ジャケットの立体的な迫り方にただならぬものを感じて、凍りついた記憶はあります。

ところでEYƎさんはいまご自宅に何枚くらいレコードを所有されていますか。

EYƎ （ほとほと困り果てた様子で）わかりません。でもそんなにはないと思います。多いのはディスコにハマったときのものとか、DJを頻繁にやっていたころに購入していたものですね。それはツールだったので、ジャケットから誘われる世界とは逆でした。聴くだけなら絶対に買わないようなジャケットのレコードをどんどん買っていくわけで、その点ではかえっておもしろかったともいえます。

いまDJ活動のほうはどうですか。

EYƎ やってますよ、ただ以前のように週2回やって、4日空けて新しいレコード

EYƎ

photo: 塩田正幸（p.24-26）

photo by KABO / edit by EYƎ
courtesy of island JAPAN and BLOCK HOUSE

を買ってまたDJをするようなサイクルはとてもじゃないですができない。当時よりはぜんぜんレコードを買えていませんから、それはいろんな意味で。

――こうなってくるとライヴハウスもそうですが、クラブも営業再開できないですからDJの方もたいへんですよね。

EYƎ フィジカルDJ、ちゃんとレコードを買ってデータとあわせてやるひと。レコード屋に足を運んで情報にアクセスするのはDJの基本スタンスとしてあると思うんですけど、僕はそれがすごく希薄になっていました。ダイレクトな人とのかかわりが音楽共有において薄まっていく、そういうあり方の問い直しはせざるをえないでしょうね。

――いずれにせよ変化した、と。

EYƎ いろんな局面ですでに変わっています。データが出てパソコンでDJするスタイルが出てきた時点でいまのようにストリーミングサービスをつかいプレイリストのみで実データすらもたないDJの出現も時間の問題でした。beatportのようなものが出てきたとき、まず思ったのが音というのはネット上だけになって、そこにいかにリアルタイムでアクセスして組み合わせるかが問われるようになるのか、ということでした。

――それにたいしてEYƎさんはどう思われましたか。

EYƎ おもしろそうだなと思いましたよ。1分前に初アップされたトラックをその場で使ったり、とか思うと。物理的にレコードがどんどん増えていくのは環境的にはムリだとも思っていました。ストリーミングDJで逆に膨大な量が自分のなかにながれるという面を考えると、レコードというフォーマットはさきほどいった形状やテクスチャーを身体的に伝えるという点で大きな意味をもちつづけるともいえると思います。

――たんに情報ではない。

EYƎ 物理現象ですもんね。レコードは先が尖ったもので塩化ヴィニールを引っ掻き振動させて音を出すという、その直接的なインタラクションの原理自体が人間の知覚の原型になってて、当たり前ですがデジタルに音を再生するのとはまったくちがう現象で、原始人が岩肌をゴリゴリ削ってロックアートしているのもレコードを再生しているのも、基本は同じことをやってる。

アーサー・ペトロニオ『ヴァーボフォニー』

――つづいてはアーサー・ペトロニオのレコードです。

EYƎ いまはパンデミックがはじまって、おそらくつづいていき、第二波に襲われるかもしれないという前提があると思いますが、そういったときにこれを聴くと、セルフセンター系の再認識性みたいな感じ方がありました。自分が音を聴いている自分の耳のなかに入って、耳の底から自分の耳の穴の縁で切り取られた空白を眺めている、入れ子状の干渉している構造性を感じさせる響きがあります。この入れ子状の感覚は《D/R/M》にも応用しています。

――自分が自分の耳のなかに入っていくイメージですね。

EYヨ 自分が音素になって耳の穴の底から見上げると脳がメインスクリーンになって、そこに影絵とか紙芝居みたいにいろんなシルエットの音像のような不明なものがどんどん投影される。耳の穴のなかというケイヴで聴いているようで、かなりアニミズムなシチュエーションにおるんかな?って、なってくるんです。この『Verbophonie』は聴き終わったあと、なにも聴いていなかったかのような聴き応えがあるんですよ(笑)。とはいえフリダシに戻る感じではないんです。(作者は)音声詩人で絵画もやっていたひとで、クルト・シュヴィッタースやフーゴ・バルの系譜で世代は離れているんですけれども、その影響下にありながらここまで変化したのかというおどろきもあります。コンクレート・ポエトリーになるのかな。リリースは1979年ですが、イグルーというレーベルは現在も継続していて、アンリ・ショパンなんかも出しています。このレコードには生活の具体音がいろいろ入ることによって生活が音に滲み独自の構造と響きをもたらしています。台所で生まれた音をつかった音楽、キッチン・ミュージックとも相関性があるんでしょうか。LAFMSなんかにもそんなところがありますよね。

――ジョン・ケージにとっても台所は重要でしたよね。

EYヨ 台所における音のふるまいと音楽における結びつきを考えるのはおもしろいんですよね。作曲者のペトロニオは1897年生まれで1983年に亡くなっているのでリリースのときはご高齢だったことになります。戦争を体験している点でも、自分のなかでは大きなことでした。電子音楽の背景に戦争はありますよね。

――音楽はもちろん、テクノロジーは戦争と切り離せないです。

EYヨ 軍事通信機器の発明とリングモジュレーターなんかは関連していたといいま

僕は世代的に中学生のころにパンクと出合いました。雑誌に、耳に安全ピンを刺したり服を破いたりゴミ袋を被るパンクのファッション、たしか「日常のいらないゴミを工夫してつかいます」とか書いてあったのを読んで、おお!と思いましてね。

Kensenian Djawa
Studio Jogjakarta –
Kuwi Apa Kuwi –
Lokananta（発表年不明）

Al Haji Sikiru Ayinde
Barrister And His
Fuji Group – Vol. 6 –
African Songs Ltd
（発表年不明）

Narwal – The Album – De Fabriek（1991）

Arthur Pétronio –
Verbophonie – Igroo
(1979)

Yasunao Tone – Mp3
Deviations # 6+7 –
Editions Mego (2011)

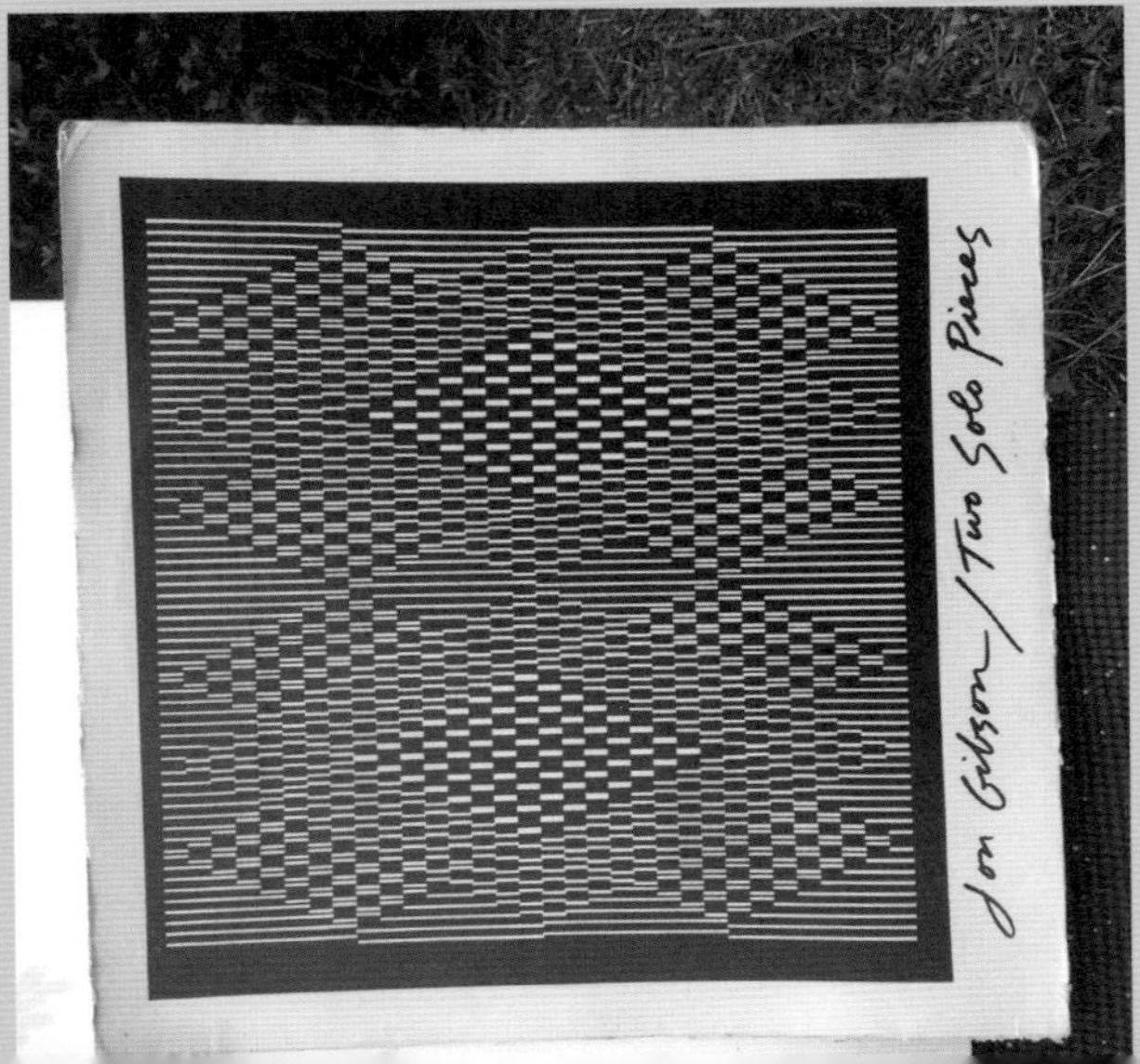

Jon Gibson –
Two Solo Pieces –
Chatham Square
Productions (1977)

Abdul Basit 'Abd Us – Samad – The Holy Qur'an –
Sono Cairo（発表年不明）

Tony Sinden – Functional Action Parts 2 & 3 – Piano (1980)

Various Artists – Asperando A Gogo – 20 Golden Krautzuck Hits – Styrophone Records (1997)

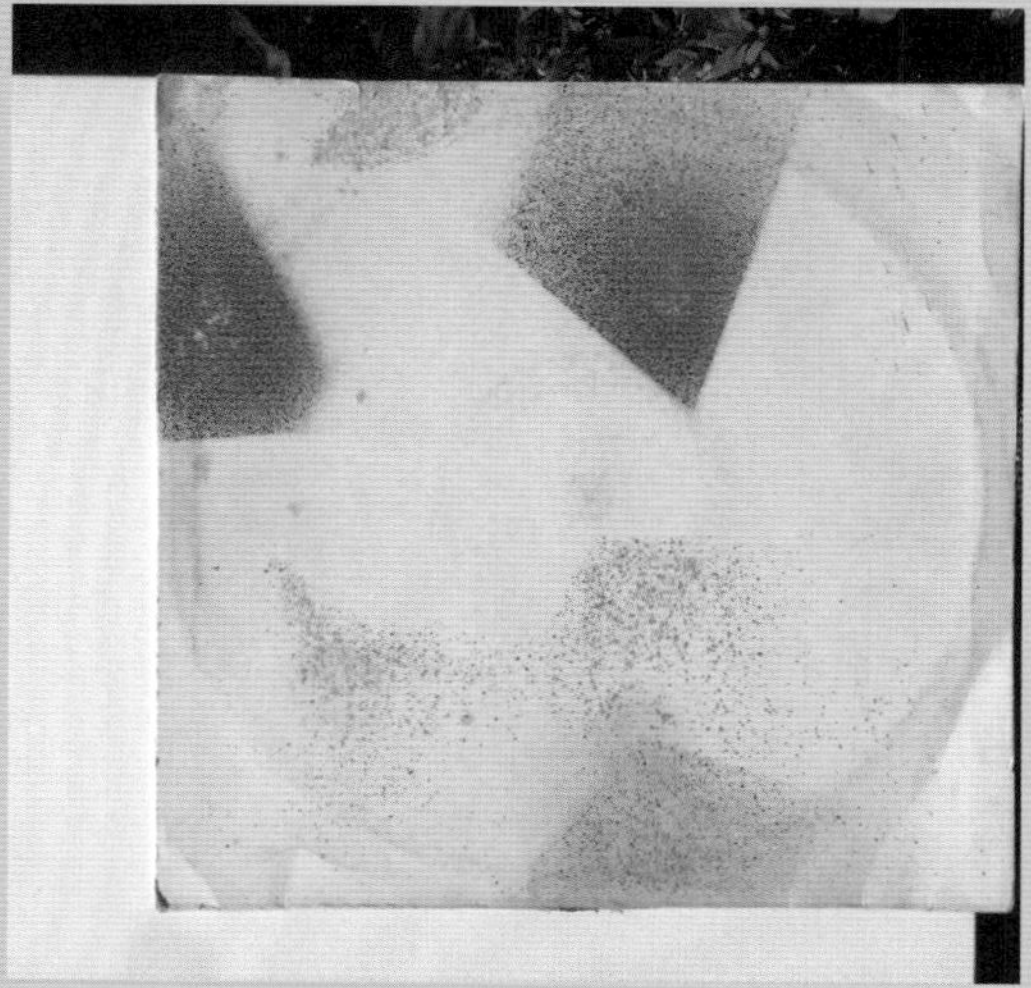

Udder Milk Decay – Take A Teat – ヤネフララース (1981)

すし、アーリーエレクトロニクスは戦争が背景になっていることも少なくない。この方はエレクトロニクスは使用していませんが、独自性の高い響きです。

――現在のPAシステムの原型がナチの宣伝工作のためだとか、戦争と音響テクノロジーの歴史の関連に興味をもつことがあるんですか。

EYƎ ナチが具体的に音響テクノロジーに関してなにをやったかには興味はありませんが、結局どういうふうにそれが反転していくか、もしかしたら反転することを見据えた上でやっていたのか、考えることはあります。局面ごとに革命的なものをもたらしたものには両義的なものがあると思うんですね。最初そういうつもりじゃなかったけれども、当初の意図と対極のものになってしまったり、対極の要素を含まざるをえないものだからこそ革命的になりえたのではないかというようなことですね。それも一種の均衡かもしれません。力のあるものはバランスというものがあって、それにたいするアノマリーみたいな――というと『マトリックス』みたいになってきますけど（笑）。

――EYƎさんはさっき、フジの音楽も台所で聴いていたとおっしゃいましたが、家のなかだと台所によくいるんですか。料理されますか。

EYƎ やりますよ、エクスペリメンタル料理ですけどね（笑）。これをここまで煮詰めるとどうなるかとか、色の似たもの、牛乳にお米、チョコレートに醤油をあわせるとか。失敗料理で食べられないこともありますけど、それがどう変容するのかというのに興味があります。

――台所にかかわる音についてはどうですか。

EYƎ 楽しさと同時に恐怖を感じます。

――恐怖というのは？

EYƎ 台所は尖ったものが多いじゃないですか。

――ああなるほど、包丁とか。

EYƎ レコードの上にそういうものがいつの間にか載ってたりすると、ナガラ料理はよくないというのはあるし。

――ごもっともです。

刀根康尚『Mp3ディヴェイションズ#6+7』

――刀根さんとEYƎさんは共演されていますね。

EYƎ 小杉さんと刀根さんと和泉（希洋志）くんとかと関西でやった憶えがあります。刀根さんの音楽はさきほどのナヴァルのフロッタージュ感とちがって、浮かび上がらないけど、結果的なエクスポーズ性、剥き出しにする感覚で共通するものがあります。副次的な暴露性が高いというか。ライヴデコーディングという言い方があると

——EYƎさんが刀根さんの音楽から受ける感覚は共演されても変わらなかったですか。

EYƎ　じつは刀根さんと共演したとき、「Drastic」という曲があるから、やらないかと誘われたんですよ。

——どういう曲ですか。

EYƎ　下剤を飲んでトイレに行って、出すときの音をマイクで拾ってPAでオーディエンスに聴かせる曲です。ここでの〝Drastic〟は劇薬の意味合いだったと思います。刀根さんに喜々として、やらないか、きみならできる——みたいな感じでプッシュされたんですが……できなかったですね（笑）。それもいうなれば体内のエクスポーズなわけで。こういった音や表現ってあるとき、問題意識の流れ込みで固まりそうなので、セクシャルで柔らかくないと、といった意味でも流動的なあり方で、刀根さんは頭もお腹も柔らかくないとできないことをされてるのかな、と思いました。この刀根さんはフルクサスですが、フルクサスとかダダとか未来派などには否定性があったじゃないですか。

——否定性はそれらの運動の大きな特徴ですよね。

EYƎ　パンクとも共振する否定性といいますか、この音が1977年の否定の真実という感じがするんです。というのもレコードが買えなくて、エックス・レイ・スペックスとかピストルズとか、最初に音を想像したとき脳内がレーテンシーなく再生した音がこういった感じでした。ピストルズの否定がリコーデックされて暴露された、実際の77サウンドというか。大竹伸朗さんの作品を本でみたときもこういう音が自動的に脳内で勃発してたので、言い方がおかしいかもしれませんが、POPというコード言語をナマのまま音にデコーディングしたような響きで、この楽しさだけは水増しされたくないようなものです。したら、この作品を生のデコーディング（解読）といっていいかはわかりませんが、たとえば現実のシステム回路をベリッと引き剝がして顕れる音の流脈というか。そういったものが最初からじつはあったんだよ、とアインシュタインみたいにベロを出されるようなジョーカー感といいますか（笑）。アーキテクチャのバックドア感というかね。これもリーセシス（Recesses）的な感覚を想起させるんですよ。もうそれ以上スクロールできない局面というか、サウンドボックスの底を剝がしつづけてたどり着いた未踏域への到達でありながらルーイン（遺跡）なものはなくて、闊達な原型のナマの情報なんです。音にはいろんな階層があって、いろんな受け止め方がありますよね。批評があり、ジャケットがあり、ディスカッションなり会話なりがありつつも、それが集積されるんじゃなくて、最後の奥底になったリーセシスな局面で否定されるような。

時期に刀根さんの音楽を聴いて、ほんとうによかったと思いますよ。

――EYƎさんは去年、2018年に逝去された小杉武久さんの追悼コンサートに出演されました。小杉さんと刀根さんは50年代から長らく第一線で活動されていますが、EYƎさんからみたおふたりの特徴といえばどういうものでしょうか。

EYƎ 僕はそんなことをいう立場ではありませんし、簡単にはいえませんが、おふたりともアノマリーなエレメントとおたがいの資質の逆の領域も内包している気がします。

――小杉さんの追悼コンサートでのEYƎさんの即興は印象的でした。

EYƎ 演奏にもしマルチチャンネルが開く感覚があるのだとしたら、じつはあのときはそうではなかったんです。サーチしながら、流動性が足りなかったかもしれない。

――いろんな条件が重なってマルチチャンネルが開く感覚になるんですか。それは予想がつくことですか。

EYƎ 予想とか保証とか、チャンネルとか、事前にまったくなにもないです。わかりやすい開閉感覚などがあるわけではないし、シンプルにサウンドチェックみたいにできればいいんですが。移ろいやすい現在時間にどうクロッシングして相互作用するのか、経験値以前の段階でとどまってしまうのか――というせめぎあいもあったと思いますね。それ以前に、小杉さんの作品を前にすると、小杉さんがやっていたことや考えたこと、音の細部で感受できていない部分が大きい気がします。未知の領域がありすぎるので。

――逆にいうと、これからも発見がありますね。

EYƎ つねづねあると思います。ただしそれは僕にはうまく言語化できるものでも、数式化できるものでもありません。小杉さんの音楽に感じるのは、還元してくれること、もとの状態、ふとわれにかえるというか、正気の状態――音なりレコードなりに接したときの最初のドットに還元してくれる感覚です。

ジョン・ギブソン『トゥ・ソロ・ピーシズ』

――ジョン・ギブソンはEYƎさんに今回あげていただいたなかでは比較的有名かもしれないですね。

EYƎ これはむちゃくちゃいっぱいあるんですよ。みてください(といって画面にジャケットを掲げる)。

――ほんとだ(笑)。

EYƎ いち、に、さん、し、ご……10枚あります。探せばもっともってそうです。

――なんでそんなにおもちなんですか。

EYƎ みつけるたびに買っていたからです。

――もっているのはわかっていますよね。

EYƎ　もちろんわかっています。

――（家の）どこかにあるとはわかっていますよね。

EYƎ　ないから買うのではなくて、あるのがわかっていて買うんですよ。2000年代初頭にVestaxのウルトラピッチという＋－50まで回転数を可変できるターンテーブルが出たんですね。僕はこれを45rpmで聴くんですけれども、さらにウルトラピッチで変化させてフレーズをつくり、V∞REDOMSのときは楽器として使用していました。つまりこれはインストゥルメントのパーツだったんです。

――なるほど、スペアということですね！　V∞REDOMSのときのターンテーブルでプレイされていたのはこのレコードだったんですね。

EYƎ　ほかにもいろいろつかいましたが、これを基本にフレーズを決めていました。45rpmの+37を何小節で、次の数小節はこのピッチで、といった感じで構成していきます。

――このレコードとの最初の出合いはいつだったんですか。

EYƎ　いつでしょうね、気づいたらもっていました。レコード屋でもみつけるたびに買っていましたしeBayなんかでも購入しました（笑）。レコードに記録されている音はもとより、音楽に起因して聴覚上、実際鳴ってないのに合成されて聞こえてくる、いわゆる副成音がゆたかです。ミニマル音楽にはミニマルなものが結果マキシマルなものを兼ねる、両建ての感覚がありますよね。脳内で自己増殖する副成音をひたすらサーチして認識しつづけると自分の脳内が照らし出されてくるような感じもあります。これがガチでセルフセンター系なのは、そのツールとしての属性を凌駕しているからだと思います。いわゆる「癒す」だとかいった、あとからの属性。聴き手の資質に委ねられる部分も大きいんですが、やっぱりこれも手持ち弁当で、自分のもっているものでおもしろがれるというか。

――それはほかのミニマリズムの作品とはちがう点ですか。

EYƎ　V∞REDOMSではほかにもいろいろつかいました。ドローンのレコードをターンテーブルに乗せて複数で鳴らして響き方の特性をみたり、そういったことはいろいろしましたが、このレコードは45rpmで聴いたときの訴求力といいますか、その稼働率が大きかったですね。ちなみに中身は教会でのパイプオルガンの演奏です。B面はちょっとちがうかもしれないですが、ほとんどきいたことありません（笑）。

――定番ですね。

EYƎ　マスターピース性は高すぎます（笑）。自分のなかで、ですけどね（笑）。ドローンにはほかにもすばらしい作品がいっぱいありますが、このレコードには刀根さんと同じで脳内情報がくまなく照らし出されていくような暴露性もあって、浮かび上がるのか、なかばグイッと引き剝がされて顕現するのか、誘発する副成音を認識していくプロセスでそれがどんどん極大化していく感じで。

現在はリーセシスな局面で、心の奥底とか、最終的な奥まった、それ以上スクロールできない局面に来つつあるのかなと思います。極端にいうと無から有が生じるような、極端な変化が起こってしまう、窮鼠猫を嚙む的な、それ以上、原形をとどめることのできない、変化せざるを得ない段階の意味合いです。

――ボアダムスの話が出ましたが、ボアの活動は現在どのようになっていますか。

EYヨ 毎回コンセプトを変えるようにはしていて、2年前にいったん20年ぶりにバンドフォーマットに戻してやっていましたが、また新しいフォーマットを探っているところです。その前にポリドラムのサークルフォーメーションからミニマム化して、新しいインストゥルメント、サブ低音だけが出る「Vibra」という、ウーハースピーカーのコーン部分を押したり撫でたりすることによってさまざまな音程の超低周波を出す装置を複数、澤井妙治くんにつくってもらって、9本組の鉄柱を擦る楽器とともに、堀尾寛太さんとライヴの制作を手伝ってもらいました。ちなみに《D/R/M》では堀尾さんと新美太基さんに全面的に協力していただいたのでした。話を戻すと、その楽器をつかってなにができるかというのを最小限の3人でやってみようということになった。これまでどんどんドラマーが増えていって、予算的にもマキシマルになってしまっていたんですね。そこでVibraをつかって可聴域ぎりぎりの表現をしてみるという方向に移行していました。

アブドゥルバジット・アブドゥルサマド
『聖クルアーン』

――7番目のソノ・カイロはカイロというくらいなのでエジプトのレコードでしょうか。

EYヨ これはアーティスト名は僕には読めないのですが、ソノ・カイロというエジプト公営のレコード会社のようで、これはボアのメンバーでモロッコに行ったとき買いました。

――なんでモロッコにいかれたんですか。

EYヨ バルセロナでライヴやったあとにちかいので、遊びにですね。それで、たまたま泊まったホテルの斜め前がレコード屋だったんです。そこが最高にストリクトリーなレコ屋で、むかしからやっているようなアナログばっかしずらーっと並んでいるなかから、これは見つけ出して買いました。棚にはDust-to-Digitalなんかがコンパイルしてそうな7インチのオリジナルみたいな、何十年も前のレコードが新品みたいな感じで並んでいるんですよ。ほんとうにレコードを大切にしているお店で、僕なんかが入ると、後ろにずっとはりついている。粗相がないか見張っているわけです。観光客に対応していない図書館みたいなストリクトリーな雰囲気があってうれしかったですね。

——西洋音楽はないんですか。

EYヨ まったくありません。カセットテープはありました。ＣＤもちょっとはありましたが、ほとんどがレコードで7インチ。けっこう買ってどれもすばらしかったんですが、これはそのなかの一枚で、収録してあるのはモロッコの音楽ではないですね。アラビア文字が読めないのでアーティスト名もタイトルも、言語的な意味はわからないですが、中身はコーランです。声と声のあいだの無音がすごく長い。終わったかなと思ったらイレギュラーな感じでまたはじまるんです。モールス信号のようにその無音間隔でもってなにかインフォームしているようなプログラミング言語というか。ひたすら退屈なんですけど、退屈なはずが、ある境目で変化と刺激の急流が侵食してきて。現実的にチューブ型の音響構造物のようなものが自立して動き出すような響きがあって。バッド・ブレインズの『RISE』のジャケみたいなのが。で、また無音のなかに投げ出されるんです。

——仏教の読経みたいなものではないんですね。

EYヨ タイミングがちがっていてもっと信号ぽいというか。インターバルの迫り方がちがう。イスラムについて、ほとんどなにも知らない自分が聴いて、たんにおちつくとか、気分がいいとかではない、見知らぬ浸食感覚です。ひたすら点から点に移行していく、点字のような記号性で発声点から無音点に向かい再び発声点へとただ移行してるような、キーボードで粛々とカタカタ打ってってるようなある種、ライブコーデック感があります。こういうのってポストシンギュラリティな感じがするんですけど。アルゴレイヴみたいな即興性はないけど、アッラーへのメアドは間違えずに正確に、というような記号性においては厳密さが求められるコーラン現場で、１０００年以上前からひたすら無心にやってきてるわけで、そもそもＡＩの対象ではないかもしれませんが、ＡＩがこれを行ったときに『２００１年宇宙の旅』のＨＡＬみたいになりそうな響きです。ＡＩが人間を超えても、コーランするこのひとは、極論すると、すでに人間ではなく道具ですから。

—— 神の道具ということですか。

EYヨ このひとがマシーンミュージックというか。コーランて神秘文字で真意は不可知だとする考えにもとづくと、さらに妄想に輪をかけそうです。

トニー・シンデン
『ファンクショナル・アクション パート2&3』

—— その次のトニー・シンデンはデイヴィッド・カニンガムのピアノ・レーベルからのリリースですね。

EYヨ デイヴィッド・カニンガム好きなんですよ。このレコードをこの時期に聴くと、繰り返されるフレーズの残響変化が、知らないうちにできていた聴取上のアンカー（重り）のようなものを外してくれるような、それが風に吹かれてボロボロっと、解体して水に流れ出すような感覚がありますね。カニンガムはエラーシステムを提唱していましたよね。あれもミニマルですが、同時にいびつで、この作品のA面すべてを使った「Swing Guitars」もそうです。弾いてすぐボディを振り回して慌ててまた弦を弾く～みたいなもので、くりかえしの整合感は案外なく、一回一回かなりキャラだちしてて、ミニマルなふるまいですけどアンビバレントです。これもコロナのときに聴くと、情報に接するさいの体の基本姿勢として、ギターのボディをただスイングさせつづける男、みたいな状況に、山本（精一）くんがツアーバンの後ろで無心に素振りしてたのを思い出しますね。

—— ギターをふりまわしていたんですか。

EYヨ いやバットです。

—— バット？

EYヨ みんなでさあ東京にツアー行くぞとなって、バンに機材を積み込んでいるときに、山本くんだけバットをふりまわしているんです。それはぜんぜん問題ないんですけど、山本くんギターは？と訊くと、これがおれの今回のギターや、とバットのことをいうんですね。コンセプチュアルアート的な発言だとは思うんですけど、うーんってなって、ギターとりにいきませんかと提案して、なんとかギターをとりにいっていただいたといういきさつがあるんですけど……（笑）、このレコードを聴くと、情報に接するときの身体の基本姿勢としての振り回し、セルフシャフトを感じますね（笑）。「おれ」ってことかもしれません。つまるところはセルフセンター系ですね。音として響きとしても楽しめますしね。

オムニバス『アスペランド・ア・ゴーゴー』

—— 9番目にはコンピレーションをあげていらっしゃいますね。ノイズですか。

EYヨ P16D4の前身のパンクバンドや、のちに美術界でも有名になるドイツ人アーティスト、マルティン・キッペンベルガーがいるバンド「ラクサス（Luxus）」などが収録されてるコンピです。ノイエ・ドイチェ・ヴェレの奥の奥というか、これも音を出した途端にそれを否定している弁証法的なものが多く、ダダとか、芸術運動のほうのコブラとかフルクサスとか、そういったところからの滲み出しも感じさせるパンク・アートです。その剝き出し感や野蛮な純度の高さはほとんど原始民族、パンコイドみたいです。パンコイドというのはディーヴォの楽曲「モンゴロイド」から派生した人類学的な概念だったと思いますが、正確にはわかりません。ただこのレコードを聴くと、パンコイドが手に岩やらシンセサイザーをもって洞窟の壁にゴリゴリと丸や線を刻んでるような有様で、ガラスを割る音や金属旋盤の音などがインスタレーションされているのがわかります。それはコンクレートとかともちがい、音と音の関係性というのはなくて、単一の音のみで突き立ってて、（インディオの）ワンハンドドラムのパウワウみたいなものの原始パンコイド・ヴァージョンな感触です。音声詩みたいなのもあるので、パンコイドというよりダダ、ダダンコイドといったほうがよいかもしれません（笑）。おそらくこれらの元の音源を出した当時は情報がまだフラットじゃなくて中央と周縁の二極化に近い状態があって、これは周辺から発生した音なのだという気がします。システムに対して有毒かといわれるとそうでもないかもしれませんが、バクテリアとかウイルスとかを彷彿させる、中央との交流の過程での発酵とか中和とかのプロセスに似た衝動や未開な力を有している気がします。民俗学的な免疫獲得のストラグル、ストラグル・フォー・イミューン（immune）とでもいえばいいでしょうか。パンクのもつ原始民族音楽性が実験音楽的に軋轢噴出したような、アナフィラキシー的な嘔吐物のサンプルだと、過大にうけとってしまっています（笑）。ズタボロになったホメオスタシス（恒常性）を掻きむしってとどめようとするようなアモクに似た雰囲気もあって。

——EYƎさんはご自分の作品をパンコイド、ダダンコイド的なスタンスで表現されている意識はありますか。

EYƎ 意識的ではないですが、煮詰めた結果そこにアーキタイプがあるかもしれませんね。パンコイドや刀根さんの77サウンド。

——それらは原体験的な意味合いをもつということでしょうか。

EYƎ 脳内の原体験ですね。僕は世代的に中学生のころにパンクと出合いました。「中1時代」だったかな。「小学1年生」とか、ああいった雑誌の系統の「中1時代」という雑誌でパンクの存在を知ったんですよ。

――そんなのが載っていたんですか!?

EYƎ　そうなんですよ！　耳に安全ピンを刺したり服を破いたりゴミ袋を被るパンクのファッション、たしか「日常のいらないゴミを工夫してつかいます」とか書いてあったのを読んで、おお！と思いましてね。子どものころはゴミや不要なものが好きじゃないですか、そこからパンコイドのあり方や刀根さんの逸脱の音と配線されてるのかもしれませんね。

アダー・ミルク・ディケイ『テイク・ア・トリート』

――最後にあげた――

EYƎ　アダー・ミルク・ディケイですね。

――ご提供いただいた写真ではこのジャケットをおもちでした。

EYƎ　この中身のレコードのラベルはサクソンってヘビメタバンドがあったじゃないですか。

――イギリスの。ありました、というかいまもあると思いますよ。

EYƎ　そのラベルを漂白して再利用しているんです。ラベルだけサクソンなのか、盤自体もサクソンのリサイクルに関係するものかはわかりませんけど。

――音はどんな感じなんですか。

EYƎ　定義づけすると一気にシラけそうですけど、シンセ、リズムボックス、コンクレート、声などがありまして、解釈の余地が巨大に開かれています。白紙のノートみたいで、サマーサイダーみたいな清涼感。この作品の魅力は未解決さで、投げやりといいますか、空白のコマに投げ出される感覚におちいります。じつはこれ、高3の夏休みに買うたんです。これ買って帰りしな、できたばかりの無人の広大な工業地帯をとおるんですね。夏の陽ざしがキラキラしていて、人工の工業地帯の新品の感じが、このジャケの感じとあいまって、メモリーに結びついているのはたしかなんですが、懐かしさがなくて、時間が漂白されて無効になってる。白紙のノートを太陽光の下でみると色彩のピクセルにくまなく覆い尽くされてるのが確認できますけど、白紙なのに描写済みの期待感、白昼夢というよりは白昼紙というか（笑）新しい無地のページ感があるのに、覆い尽くされた色彩の無法地帯で、静寂の感覚もあるけど情緒が皆無の、無音感によるクリアレジン樹脂みたいな工業感とツヤ感のサウンドトラックになっています。

――高3の夏休みの風景につながっているんですね。

EYƎ　風景データの懐かしさや既視感でなく、充填された空白ゾーンなんですよ、スプレーしただけのジャケとラフスケッチどころではないこの投げ出された音の感じが。ほかの作品でもいったようなセルフセンターラインでリアリティを捉え直すような能動的なボイドネスというか。といっても現実への問いかけなんかがこの作品にあるわけではないんですが、空白地帯から自分自身に電話をかけて問い合わせしてる感じで『このまえ注文したの、どないなってますか〜？』って。

EYƎさんのお手元にあるのはそのとき購入されたものなんですよね。

EYƎ そうです。ひさしぶりに聴き直すと、あまりにも未解決な内容でほかのにしよかなと思いましたが、その空き容量度合いにひかれて選びました。

17歳のときのEYƎさんが買ったというのが想像を刺激しますね。やはり試聴せずに買われたんですよね。

EYƎ 試聴なんかできる環境ではなかったです。売っていたのもふつうの電気屋さんですからね。電化製品とか電球とかを売る家電量販店にレコードコーナーというのがあったんです。レコードも電化製品の一環として売っていたんでしょう。にもかかわらず現代音楽というコーナーがバシッとあるんですよ。買うひとが一定数いたみたいで。

現代音楽のコーナーにあったんですか。

EYƎ これは3列だけあった輸入盤のコーナーでみつけました。産業ロックやホワイトハウスのレコードに混ざっていました。僕はその3列のために毎週かよっていましたから（笑）。もちろん中身は聴けないので想像して、勝手に開封したりしてチェックして、そのうえで「これはまちがいない」と。

電気屋さんはご自宅のそばだったんですか。

EYƎ 遠かったです。自転車でいくんです。その当時英国盤はオイルショック以後値上がりしたんでしょうかね、3500円もしました。バイトの日当と同額なんですよ。それを全額つぎこまなければアルバムは手に入れられない。しかも試聴できない。それでも買う気にさせるものを求めていました。

どうすればよいのでしょうか。

EYƎ 新しい能力の開発が必要です。試聴できないのに試聴する方法です。なにせ全部の日当をつぎこむわけですから。

その作品を手に写真を映されたということはEYƎさんにとっても思い入れが深いんですね。

EYƎ これをベストレコメンドしたいわけではないんですが、なにもしませんでした、といったようなスプレーしただけの空白なジャケットが、聴いた後の能動性を予見させるというか。聴くひとのための空白はある。そこらへんをノンフレーミングで、こういうものだと決めずに捉えていただきたかったんです。ここに発生していた無記名的な漂流性はつねづね、求心力をもちつづけるものだとも思います。聴きどころがどこかといわれるとこまるんですけど（笑）。

ところでEYƎさんの写真の背後にあるリスニングボックスとはなんですか。

EYƎ　ターンテーブルが入るサイズの、少し強いカートを木の枝のところにグサッと刺して箒をスタンドにして立てただけのものです（笑）。雨が降っても風が吹いてもなぜかおちない（笑）。大きさがちょうどターンテーブルを入れて30センチ盤が乗るくらいなんですよね。ちょうどレコードを入れて少しだけ余分なスペースがある感じの大きさです。そこに入れて再生すると響くのでよく聴いています。庭で突発的な環境音こみで聴くのも好きです。もちろんウーハーのシステムで聴いたり、100円イヤホンとかキッチンで聴いたりモノラルで聴いたりもしますが、能動的に再生機器を変えて聴き比べるということと少しちがって、一枚のレコードを自分で再構成する意識です。複数のシチュエーションによるコンピレーション化というか。台所だと水まわりの音との接点や拮抗するおもしろさもあります。移動しながら聴くのではなくて移動して設置して聴く感じで、ふだん移動しているあいだは逆に音楽は聴かないです。

一日のなかで、ご在宅の場合、家のなかでは音楽はよくかかっていますか。

EYƎ　パンデミックになってからよく聴くようになりました。

コロナパンデミックを意識した作品の制作を考えたりしますか。

EYƎ　それをストレートにコンセプトにしたような制作はいまの時点ではないですね。

なんらかの影響が出てくる可能性は？

EYƎ　当然多大にあると思います。これまでの話のなかにもありましたが、現在はリーセシスな局面で、心の奥底とか、最終的な奥まった、それ以上スクロールできない局面に来つつあるのかなと思います。極端にいうと無から有が生じるような、極端な変化が起こってしまう、窮鼠猫を噛む的な、それ以上、原形をとどめることのできない、変化せざるを得ない段階の意味合いです。というのも、いったい、なにが現実なのかという問い直しというところがいちばん大きいと思うんです。受動的に状況をやり過ごすのでなく、流通やインタラクションもふくめて音楽というもの自体を見直すよいタイミングかもしれない。便宜的に納得していたつもりがそうではなかったということになるかもしれない。ことの真偽ではなく、そこにおける断定性の起点を考えたとき、どの視点で把握していけばいいのか。自分という定点をもつことはさらに重要になって、音楽はそこに関与する、個人的でありながら集合的なものだと思うんです。

（取材＝松村正人／2020年5月30日）

Friends

Ever N

Crazy

The Plast

小山田圭吾

テンションがきついやつとか緊張感があるやつとか、
アゲアゲな感じとかそういうものは
なかなか聴けなくなった。もうちょっと
緩く優しい感じというか、そういうものに
心がいってしまうね。

Heartbreak Road

You And I

David Crosby

Otis

Balance

ひとり部屋で夢見る『ファンタズマ』の作者が外出自粛時においてどんなだったのかは、なんとなくイメージできるのではないのだろうか。本当に当たっているかどうかはともかく、小山田圭吾が部屋に閉じ籠もって音楽を聴いている姿は、わりともうひとつの絵になっているような気がする。

5月20日、緊急事態宣言の最中のことである。ZOOM越しに会ったコーネリアスこと小山田圭吾は、ポストパンク・バンドのワイヤーのTシャツを着て、いつもと変わらないその姿を見せてくれた。以前と同じテンションで、そのときの彼のお気に入りの音楽について話してくれたわけだが、それはたしかにコーネリアスの宇宙を形成するいち惑星たちの話でもある。我々が部屋で座っていたとしても、地球は自転しながら太陽系をまわり、その太陽系は銀河を公転し、そして銀河もまた……

――コロナ渦をどんなふうに過ごしていましたか?

小山田 そうですね。何してたんだろう……。部屋を片付けたり、テレビ観たり、映画観たり。散歩したり。基本的には家にいて、スタジオ作業をちょっとやったりしていましたね。

――この事態が起きたときはどういうふうに思いましたか?

小山田 クルーズ船の頃はぼんやりしていたけど、感染者が100人くらいに増えた3月の終わりくらいからだんだんと危機感を感じてきましたね。

――同時に欧米で感染が拡大していることをニュースやインターネットで知って、そしてさらに怖くなっていったという感じだよね。

小山田 そうですね。ニューヨークに住んでいるチボ・マットだった本田ゆかさんから結構深刻なメールが来て、ウイルス対人間の第三次世界大戦みたいな感じになるんじゃないかというようなことを言っていました。その頃はそこまでの実感はなかったけど、そんな雰囲気が出てきたのが3月の終わりだった気がする。

――そうだね。しかも日々どんどん状況が変わっていったり、見えてくる景色も変わってきたり。ニュースを観たくないんだけど、見てしまうとか。いろいろありましたね。

小山田 そうですね。何とも言えない体験ですね。

――その間小山田君は部屋を片付けたりしていたと。部屋を片付けるのはみんなやりますよね。

小山田 ハハハ（笑）。

――断捨離ですか?

小山田 あとは普段雑巾をかけないところを雑巾かけたりとか。

――ずっと家にい続ける生活のなかで

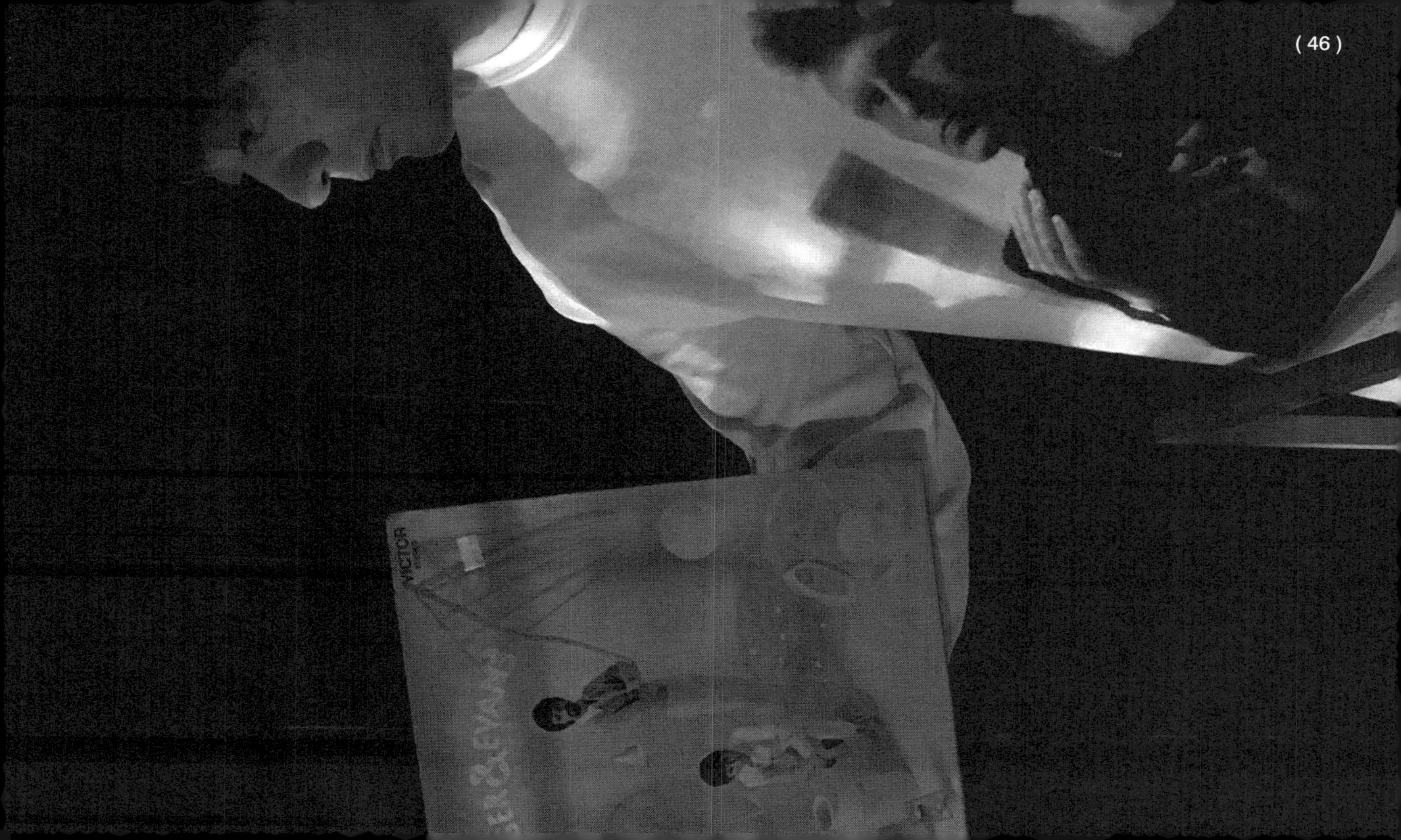
VICTOR

アジアのなかで比較するとインドネシアと同じぐらいで、アジアのなかでは決して良い結果とは言い難い。しかもアベノマスクだし(笑)。まだ全国に届いてもいないという。

小山田 うちには届いたけどね(笑)。届けるのにまたお金がかかるみたいな感じでしょ。もういまではマスクも店頭で売りはじめているしね。

―― とくに日本は文化に対しての政府のサポートがない。文化って、国際舞台では、その国へのリスペクトにすごく貢献しているんだけどね。

小山田 日本は本当に何もないですよね。けっこう大変な感じなのに。とくにライヴ関係の人とかね。

―― ライヴハウスとクラブはいつ再開できるのかわからない。

小山田 ライヴ関係はしばらく続きそうですからね。

―― 厳密に言うとワクチンが普及するまですべてがまだ仮説ですからね。発見されてからまだ1年も経っていないし。だから、いろんな説が出回っています。

小山田 いろんな説がありすぎて(笑)。陰謀論的なものまで本当にいろんなものがありますからね。言われるとそうかなという気もするし。でも、本当にわからないですよね。

―― みんな安心したいから、事実は欲しいんだよね。

小山田 気になっていろいろ見ちゃうんですけど、結果わからないので、そういう情報だけが増えていく。

―― 小山田君は世界にいろんなアーティストの知り合いもいるし、そういうひとから連絡がきたりするでしょ。

小山田 メールをくれた人もいますね。

―― ぼくも海外からなぜ日本は被害が少ないんだっていうメールをもらうんだけど、たしかに欧米と比べるとそう見えるんだけど、

〝気づき〟とかはありました?

小山田 〝気づき〟ってなんだろう。もともと普段からしょっちゅう遊びに行く感じでもなかったので。最初の頃は意外と大丈夫かもと思っていたんですけど、5月入ったあたりから段々辛くなってきました。

―― 今回のコロナウイルスの件にはいろんな関心の持ち方があると思う。政治や科学などいろんなことに。小山田君的にはとくにどんなことに関心がいきました?

小山田 まぁ全部ですよね。いろんなことに関心がいきますよね。そういうことだけじゃなくて、自分の生活のこととかにも。ぼんやりしている時間というか、考える時間が多いので、いろんなことを考えますよね。

―― たとえば?

小山田 コロナ関係のことはやっぱり考えますよね。でも考えてもわからないということに最終的になっていく(笑)。

では以前のようにはできないってことだし。

小山田　まだ、いままでの感じは無理ですよね。ドライブインライヴとかいろんなことをやる人もいる。そういう感じは逆に楽しめるし、安全に配慮してみんなやっていかないと。

ニューヨークに住んでいるチボ・マットだった本田ゆかさんから結構深刻なメールが来て、ウイルス対人間の第三次世界大戦みたいな感じになるんじゃないかというようなことを言っていました。その頃はそこまでの実感はなかったけど、そんな雰囲気が出てきたのが3月の終わりだった気がする。

——NYはモッシュ禁止でソーシャルディスタンスを取りながらね。

小山田　それもなかなか難しそうだけどね（笑）。何かかたちを見つけてやっていかないと。

——それで今回は小山田君がこの間どんな音楽を聴いていたのかというのを教えてもらいたく思っているんですけど、この10曲のリストには順番がある？

小山田　とくになんでもいいです（笑）。いまラジオ番組を京都でやっていて、常にプレイリストを作ったりはしているんですよ。自分の好きな曲をかけるラジオなんですけど。常に自分のプレイリストを作っていて、そのなかから最近自分が気に入っているものを選んだという感じです。

——新たな発見はありました？

小山田　まぁちょいちょいありますよ。普段から選曲作業のときにまとめて音楽をじっくり聴く日が何日かあるんですけど、とくにサブスクになってから本当に何でも聴ける。新しいものから古いものまでよく聴きます。自分が好きだったバンドでも全部のアルバムを聴いてないものはたくさんあって。アルバムとかメンバーのソロのアルバムで聴いていなかったやつとか、自分が好きだったアーティストをまたも1回さらって聴くと当時好きだった曲ではない曲を好きになっていたりとか、知らなかった発見がすごくあって、そういうことはわりとやっていますね。

——そういうなかでとくにこれは発見だなというのはありましたか？

小山田　音楽的な発見というわけではないんですけど、選曲したなかにヴェルヴェット・アンダーグラウンドの「Friends」という曲が入っていて。ルー・リードが辞めたあとにもう1枚アルバムを出していて。『Squeeze』という。そのなかに入っていた曲なんですけど、あのアルバムは聴いたことが何回かあって、当時はあまり引っかからなかったんですけど、いま聴くといいなって（笑）。

—— 普通みんなスルーよね（笑）。

小山田 スルーするじゃないですか。でもダグ・ユールってけっこういい曲を歌っているんです。ルー・リードとジョン・ケイルの陰にかくれてあんまり活躍しないけど、でもすごく彼の声が好き。ダグ・ユールがけっこう主導権を握って作ったアルバムなので、いわゆるヴェルヴェッツっぽさというのはルー・リードもジョン・ケイルもいないのでないんですけど。ダグ・ユールの声がいいなって。ヴェルヴェッツの4枚目『Loaded』の曲で、「Who Loves the Sun」という曲があるんですけど。あの曲がすごい好きで。

—— ビーチ・ボーイズみたいなね。

小山田 あの感じに近いというか。甘い感じのね。そんな感じで、ずっとスルーしていたのがいま聴くといいなみたいなのって最近すごくあって。

—— とくにコロナのこの雰囲気になってからよく響いたということもあるんですか？

小山田 それもあるかもしれないですね。テンションがきついやつとか緊張感があるやつとか、アゲアゲな感じとかそういうのはなかなか聴けなくなった。もうちょっと緩く優しい感じというか、そういうものに心がいってしまうね。まあ、もともと基本的に僕はそういう音楽が好きなんですけど、より好きになっているというか、良いなと思っていますね。やっぱ、まわりの状況や環境によって求める音楽って変わってくる。だから、プレイリストも、自分を通して人体実験しながら作っている。そういえば、震災のあと、いまの状況のように大きなことが起きた後だけど、あのときは本当に何も聴けなかった。

—— 3 11とは違うと。

小山田 今回はもう宙ぶらりんというか、通奏低音でずっと鳴っているんだけど、意識しないこともできる瞬間もあって、そこが違うな。

—— 3 11のときは音楽どころじゃないだろみたいな声もあったけど、今回はものすごくみんなアートに飢えている。音楽に飢えてるよね。

小山田 それはありますね。

—— むしろアートや音楽の大切さをあらためて認識していると思うんですよね。じゃあ、ほかの曲にいきましょうか。

小山田 ゼーガーとエバンズの「The Plastic Park」という曲なんですけど、60年代後半の頃に「In The Year 2525」というアメリカでものすごくヒットした曲があって、一発屋として知られているんですけど、結局その「2525」という曲しか売れなかった。アルバムは当時そんなに評価されてなかったらしいんですけど、そのアルバムがすごく好きだったんです。

——こういうのは、昔から好きそうじゃない？

小山田 昔から好きだったんですけどね。石原洋さんがアルバムを出したじゃないですか。あのアルバムは聴いてけっこう衝撃

まぁ全部ですよね。いろんなことに関心がいきますよね。そういうことだけじゃなくて、自分の生活のこととかにも。ぼんやりしている時間というか、考える時間が多いので、いろんなことを考えますよね。

だったんですけど（笑）。あのアルバムを聴いてなんかこのゼーガーとエバンズの曲を思い出したんです。雑踏というか公園のSEみたいなのがずっと鳴っていて、その向こうで音楽が流れているみたいな、そういう感じの曲なんですよね。石原さんのアルバム（『formula』）も雑踏で遠くの方から何か聴こえてくるみたいな感じだったじゃないですか。

——あれはすごかったね（笑）。

小山田 あのアルバムはすごい。ジャケもめちゃめちゃいいし。石原さんのを聴いて、ゼーガーとエバンズの「The Plastic Park」を思い出したんですよね。当時は「The Plastic Park」以外の曲のほうが好きだったんですけど、この曲がすごく好きになった。世の中と自分との間にすごい距離があるというか（笑）。

——石原さんのアルバムはコロナ前に出たけど、コロナになって雑踏を失ったわけで

あって。なんて変な時代との関わり方をしたアルバムだろうと後で思った。

小山田 本当そうですね。

——ひとりでいる時間が増えて、そのなかで自分のルーツみたいなものには向かわなかった？

小山田 そういうのもありますよ。YouTubeで速弾きを教えてくれるお好み焼きやさんの薩摩さんという人がいるんですけど、80年代のメタルの速弾きがめちゃくちゃすごいんですよ。それを観ながら速弾きの練習をしたりしていました（笑）。

——小山田君は速弾きできるじゃないですか。

小山田 できないんですよ。YouTuberですごくうまい人がたくさんいて、丁重に解説してくれるんですよ。スイープとか、すごい速弾きのやり方とか。全然できないんですけど。暇なんで（笑）。

——そっちのルーツにいったんだ（笑）。

小山田　ルーツはいろいろありますからね（笑）。そういうのとはまったく別次元で、家でYouTubeで運動の動画を観て運動するような感覚ですね（笑）。

——　リストのなかに砂原まりんが入っているね。

小山田　まりんの「Balance」は、フラットな感覚というのを意識させる曲なんですよね。9 11の頃にこのアルバム（『LOVEBEAT』）は出たんだけど、なぜか有事があると聴きたくなるというか。（曲のテーマにあるのは）社会とか世のなかとか世界のバランスみたいなことだと思うんだけど、いまの状況にも合っていますよね。世界のバランスが、ものすごく激動している感じがある。

——　それがいま崩れていると。

小山田　崩れてきている。そういう感覚を意識させる曲だなと思った。

——　リストには、新しい曲も入っているんだよね。

小山田　新しいのも聴きたくなりますよね。

——　カリブーは僕も大好きですよ。

小山田　カリブーの新しいアルバム（『Suddenly』）がすごく好き。ちゃんと聴いたことなかったんですけど、『Suddenly』はけっこうよく聴いてますね。昔のアルバムはもうちょっとアゲアゲな感じなんだけど、今回のはちょっとメロウで自分好みでした。

——　ひとり女性の電子音楽が入っているよね。ローリー・シュピーゲル。

小山田　この人は昔の電子音楽の人。これもちょっと、まりんに近いのかな。感覚がフラットになる感じというか。

——　アンビエント調のものをよく聴いたということはない？

小山田　それはあるかもしれない。ビバリー・グレン・コープランドのアルバムもすごく好きで。アンビエント、ニューエイジっぽいというか。でも歌も少し入っていて、他のアルバムはもうちょっとフォークっぽかったり、ちょっとダンス・ミュージックっぽかったりする。「Ever New」という曲はニューエイジ／アンビエントっぽい感じなんですけど、途中からゴスペルっぽい歌が入ってきて、この曲が入っているアルバム（『...Keyboard Fantasies...』）は2、3年くらい前に再発されました。カナダの黒人のトランスジェンダーの人で、アルバム毎に違ったスタイル、全部独特な感じです。ぼくはとくにこの「Ever New」という曲が好きですね。

——　ジャズっぽいところもあるんですか？

小山田　ジャズっぽさはないですね。このアルバム（『...Keyboard Fantasies...』）はニューエイジ／アンビエントですけど、他のアルバムはアシッド・フォークみたいだったり、歌はソウルっぽいというかゴスペルっぽい。去年もアルバム出しているんですけど、ダンス・ミュージックっぽかった気がする。

黒人のアーサー・ラッセルみたいな感じもあるのかな。ちょっと前に再発盤が出たんですよ。けっこう変なオブスキュアなものばかりだしているカナダのレーベルから。

まりんの「Balance」は、フラットな感覚というのを意識させる曲なんですよね。911の頃にこのアルバム（『LOVEBEAT』）は出たんだけど、なぜか有事があると聴きたくなるというか。（曲のテーマにあるのは）社会とか世のなかとか世界のバランスみたいなことだと思うんだけど、いまの状況にも合っていますよね。世界のバランスが、ものすごく激動している感じがある。

—— 自分のレコード棚をひっくり返すということはなかった？

小山田 ありましたね。でもあんまり盤で聴くことはないですね。

—— 昔あんなに盤を買っていたのに。

小山田 何回かに分けて売っちゃったんですけど、ここ2、3年またけっこう買いはじめました。

—— それは新譜？ 旧譜？ それとも両方とも？

小山田 中古盤が多いですね。

—— あらためて自分の好みというか、自分が求めている音というのがクリアになったということはあります？

小山田 いつもラジオ番組をやっているので、自分が好きなのはこういうのだなって確認する作業はやっているんで、あらためて今回ということでもないんですけどね。でもその都度まわりの状況とか自分の年齢とかによって好みが微妙に変わってきてはいるなという感じはします。

—— どんなふうに変わったと思います？

小山田 若い頃は刺激を求めるところはすごくある。歳をとるとたまに刺激も欲しいんですけど、もうちょっと緩い方がいいなとか優しい方がいいなとか。そういうのもありつつという感じですかね。

—— デヴィッド・クロスビーが入っているのはなぜ？

小山田 それこそこのアルバム（『If I Could Only Remember My Name』）は昔からすごく好きですね。いま聴いてもやっぱり良かったです。デヴィッド・クロスビーがすごい好きというよりも……、わりと好きなんですけど、このアルバムがすごく好きですね。オールタイム・フェイヴァリットですね。あとはドゥルッティ・コラムはわりとよく聴いてますね。

—— ドゥルッティ・コラムは昔から好きじゃないですか。

小山田 昔から好きです。オールタイム・フェイヴァリットですね。ただ、昔主に聴いていたのは80年代前半のアルバムだったんですけど、80年代後半以降のドゥルッティ・コラムはあんまり聴いていなかった。でも最近すごく聴くようになりましたね。

—— 小山田君はこういう状況になって、コーネリアスとして、あるいは小山田圭吾として何かやろうとしていることってありますか？

小山田 ライヴとかは全部なくなったので。コーネリアスはとくにやってないですね。

—— 音楽シーンはどうしたらサヴァイヴできると思います？

小山田 うーんどうしたらいいんですかね……。でもやれることをやるしかないですよね。何もやらないというのもあれなんで。音楽を聴きたい人もいるだろうし、自分も聴きたいし。どうやってというのは状況によると思いますね。

—— 配信をしたり、前向きな行動をみんなしているのはすごくいいなと思いますよ。

小山田 もっと楽しめるような感じにできたらいいね。お客さん全員防護服を着てもらってライヴするとかね。

—— ハハハハ（笑）。コロナがあって、ネガティヴな物語がもちろんたくさんあるんですけど、ポジティヴだと思えたことはありますか？

小山田 うーんなんだろうね。まぁ道が空いているのはいいですね（笑）。

—— たしかに道空いているのいいよね（笑）。

小山田 世界中で人が多いんだなというのは感じますね。本当にどうなるかこの先わからないですけど、いろいろいままでダメだったこととか古い慣習として惰性でやってきたこととかがもう通用しない感じになっている。そこが一掃されたり新しい良い環境に代わるきっかけにはなると思うので、そのきっかけになればまぁいいのかなという感じがしますね。

—— 小山田君のなかで計画しているようなことはあります？

小山田 なかなかいま計画が難しいんですよね。あんまりないかもしれないですね。

—— オンラインを使って何かやろうとかさ。

小山田 配信自宅ライヴみたいな？ できないんですよね（笑）。

（取材＝野田努／2020年5月20日）

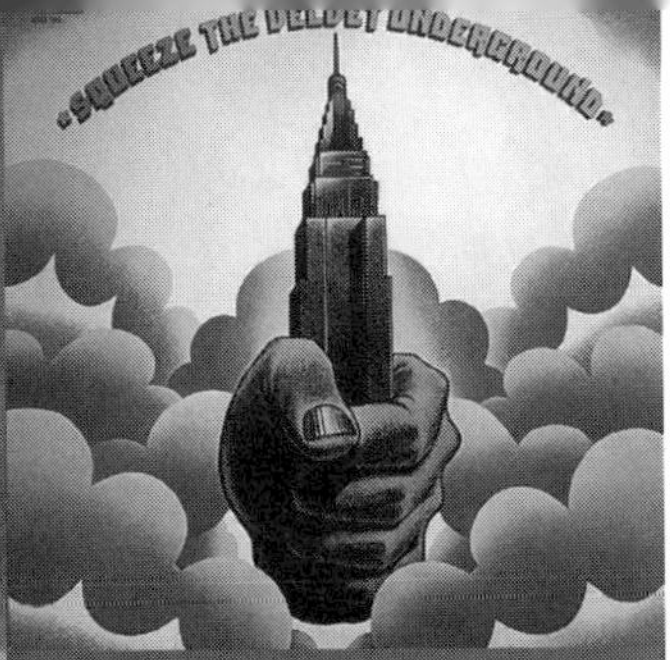

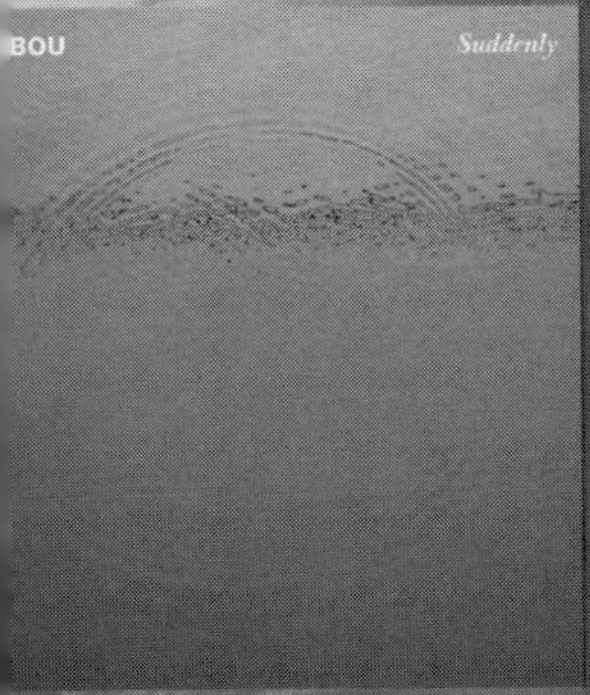

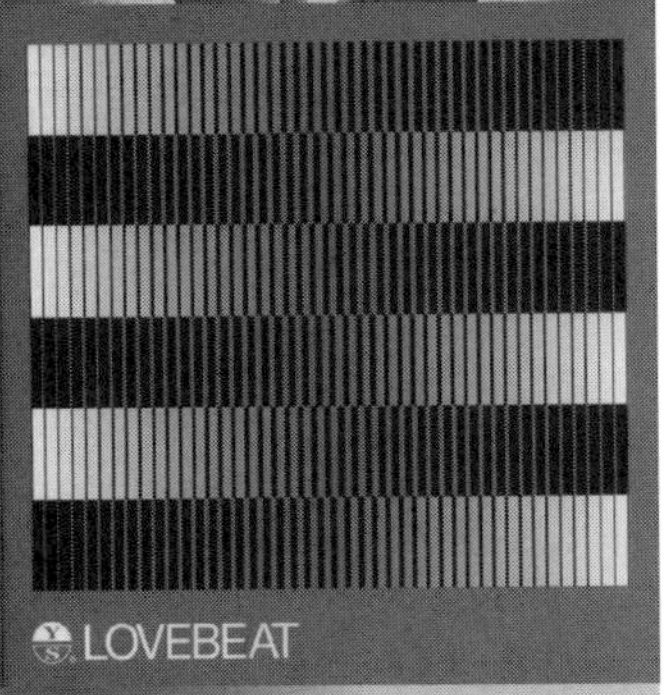

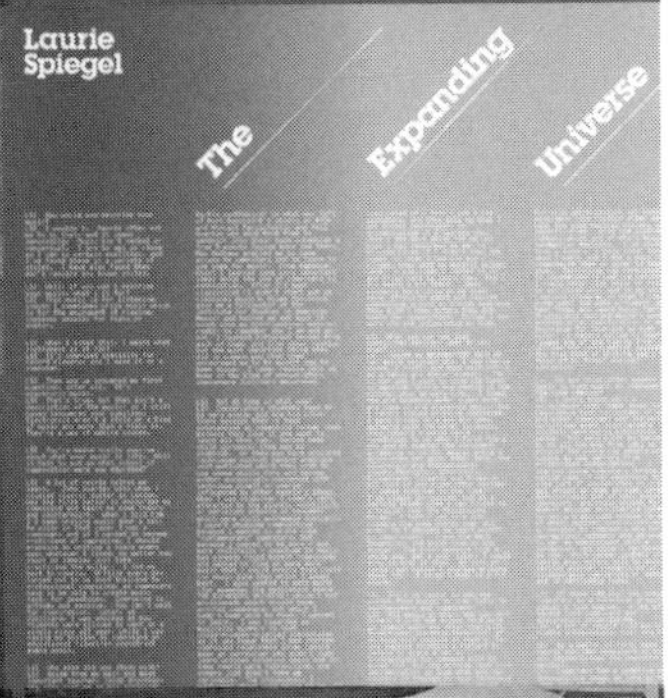

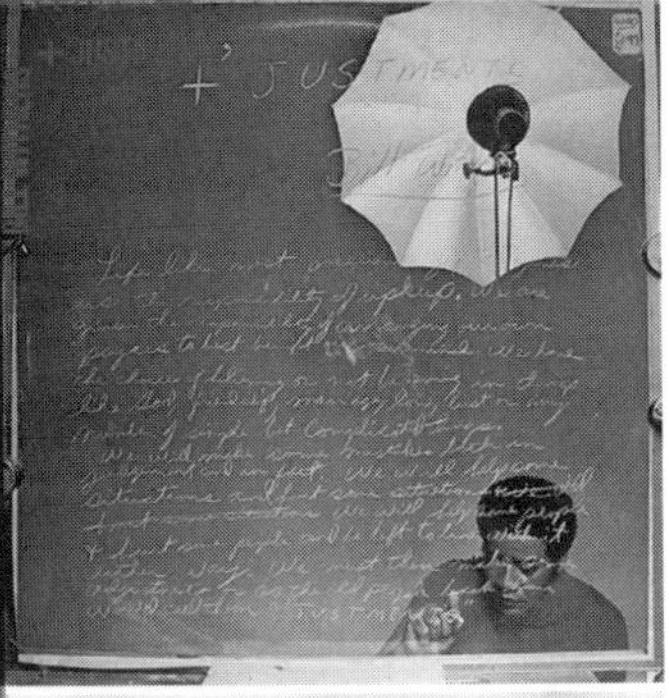

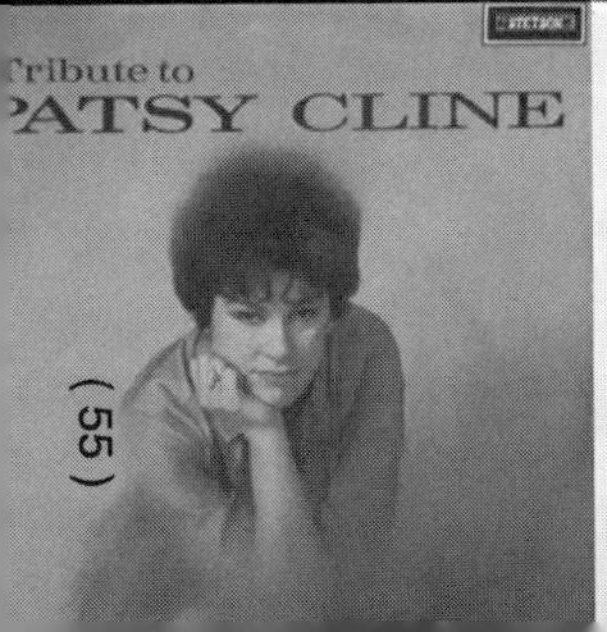

小山田圭吾の10曲

The Velvet Underground – Friends (『Squeeze』) – Polydor (1972)

Zager & Evans – The Plastic Park (『Zager & Evans』) – RCA Victor (1970)

Yoshinori Sunahara – Balance (『Lovebeat』) – Ki/oon (2001)

Caribou – You And I (『Suddenly』) – City Slang (2020)

Laurie Spiegel – Appalachian Grove III (『The Expanding Universe』 reissue) – Unseen Worlds 2019 (orig 1980)

Beverly Glenn – Copeland – Ever New (『 ...Keyboard Fantasies...』) – Atlast Records (1986)

David Crosby – David Crosby (『 If I Could Only Remember My Name』) – Atlantic (1971)

The Durutti Column – Otis (『Vini Reilly』) – Factory (1989)

Bill Withers – Heartbreak Road (『+'Justments』) – Sussex (1974)

Patsy Cline – Crazy (『A Tribute To Patsy Cline』) – Decca (1963)

人生のサウダージ

松山晋也

Bach • Händel • Gluck

Wilhelm Kempff – Bach・Händel・Gluck – Deutsche Grammophon（1976）

（まつやま しんや）音楽評論家。１９５８年鹿児島市生まれ。著書に『ピエール・バルーとサラヴァの時代』（青土社）、『めかくしプレイ：Blind Jukebox』（ミュージック・マガジン）、編著『プログレのパースペクティヴ』（同）、その他ガイドブックなど多数。

コロナ？　関係ない。まったくと言っていいほど。なぜなら私はもう20年も前からずっと独房暮らしの無期懲役囚のような生活を続けてきたから。「コロナ・パンデミックの今、家で愉しむ音楽」の具体例を挙げつつ「いま音楽を聴くこと」の意味、意義を考えよ、という編集部からの注文だけど、私にとっては、元々、音楽は家（自室）で愉しむものであり、誰かと語り合ったり共感しあったりするようなものではない。過ぎ去ったもの、取り戻すことのできない愛しいもの……つまり過去にしか興味ないサウダージ人間なれば、音楽は昔も今も一貫して孤独（沈黙）であり、過去（記憶）であり、旅（妄想）にほかならない。よってここで挙げる作品も大半はポジティヴな視点を欠いた、仕事机からすぐに手が届く場所に長年置いてある単なる愛聴盤にすぎない。もちろん、記憶だの妄想だのは極めて個人的なものにすぎないわけで、読者にとってはなんの参考にもならないかもしれない。申しわけない。ただ、どの作品も真夜中の薄明りが似合うことだけは間違いないと思う。

人は誰でも14才の時に好きだった音楽からは一生逃れられないものだ。私が海外のポップ・ミュージックを本格的に聴き始めたのは13才だったが、18才（高校卒業）までに買っていたのはほとんどクラシックのレコードばかりだった。最も好きだったのが中世〜バロックもの。とりわけバッハは自分の人格にまで影響を及ぼしていると言っていいほどだが、レコードを1枚だけ選べと言われたらヴィルヘルム・ケンプの『Bach・

Andrés Segovia – The Segovia Collection Vol.16 : Villa-Lobos & Modern Masters – MCA（1989）

João Gilberto – João Gilberto – Polydor（1973）

Händel・Gluck』と即答する。バッハを中心とする小品を自身の編曲で演奏したこのアルバム、高3年の頃（76年）に初めて聴いた時はぴんとこなかった。ケンプ80才前後の最晩年に録音されたもので、技術的には明らかに衰えており、表現者としての熱気が希薄だ。あまりにも素朴な演奏である。そしてその我欲の希薄さ、素朴さの陰に隠れた音そのものの深さ、透明感、純心、誠実さに私が気づいたのは20代半ばだった。これは演奏ではなく祈りなのだと。20世紀ドイツを代表する大ピアニストが最後にたどり着いた高貴なまでの軽み。今でもこのLPはしばしば仕事部屋のターンテーブルに乗るのだが、聴きながら自身が浄化されてゆくのを毎回感じる。私にとっては何よりも効く精神安定剤だ。家中に溢れかえるLPもCDも二人の子供は引き継ぎを断固拒否しているが、この1枚だけは受け取ってほしいと思っている。

ケンプと並び繰り返し聴いてきたのがアンドレス・セゴビアだ。クラシック・ギターの音楽は子供の頃から大好きでいろんな演奏家のレコードに親しんできたが、最終的に私の中に残ったのはセゴビアだった。今はもう自分にはセゴビア以外は不要とまで言いきってもいい。セゴビアはもちろん20世紀のクラシック・ギター奏法を完成させた巨人であり、技術的にも最高レヴェルの演奏家だが、私が彼にここまで惹かれるのはケンプと同じ、我欲や虚飾のなさ故だ。その演奏、特に晩年はまさに枯淡の境地。50～60年代にデッカに残した音源の集成シリーズの1枚『The Segovia Collection Vol.16 : Villa-Lobos & Modern Masters』はとりわけ愛聴してきた。ヴィラ＝ロボス他南米の作曲家の作品が多い編集盤だが、私の一番のお気に入りは英国のジョン・デュアルテの「イギリス組曲」。高校時代に学校をずる休みして一日中ベッドの中でこの曲ばかり聴いていたことがあっ

Ensemble Venance Fortunat – De Profundis – Disques Du Solstice (1986)

Stuart Dempster – Underground Overlays From The Cistern Chapel – New Albion (1995)

たが、40数年後の今も状況は同じである。

　そもそもギター（特にガット・ギター）は孤独を背負った楽器だと思う。旅人が手に携えるのはギターであり、パンパの星空の下でガウチョが奏でるのもギターである。いつだって、一人で弾き、一人で聴く。そんなガット・ギターの孤独を誰よりも鮮烈に音像化したのは、間違いなく、20世紀最強の引きこもり音楽家ジョアン・ジルベルトだろう。ボサノヴァの創始者でありながら、結局誰ひとり真のフォロワーにはなれなかった永久革命家。そして、数ある作品の中でもとりわけその特異性、単独者としての意志が際立っているのが、73年の『João Gilberto』だ。随所にブラッシングなど微かな打楽器音が入ってはいるが、ほぼすべてジョアンの弾き語りのみ。思わず息が止まりそうになる静けさと緊張。その空間に揺らめく〝ひきこもり〟としての愉悦と矜持。微妙なズレと揺れと伸縮を孕みながら淡々と美しい円環が描かれてゆく様は、ほとんど北極星の煌めきのごとし。ちなみにこのアルバムで録音／ミキシング・エンジニアを務めたのはシンセサイザー音楽のパイオニア、ウォルター（現ウェンディ）・カーロスである。

　振り返れば失敗と後悔ばかりの人生だが、最も悔やんでいることは、職業の選択だ。私は歴史学者になりたかったのだが、「食えないよ」というオトナたちのくそアドヴァイスに負けて文学部進学をやめたのだった。中でもヨーロッパ中世史への偏愛は、中高時代の中世～ルネサンス音楽への耽溺と一体化していた。子供が描いたような中世のへたくそな絵は、へたくそであるが故に闇が深く、妄想をかきたてた。古楽器が奏でる、時に野蛮でノイジーな音色の彼方に、どこからも隔絶した世界への旅を夢見た。デイヴィッド・マンロウ率いるロンドン古楽コンソートを筆頭に、トマス・ビンクリーのミュ

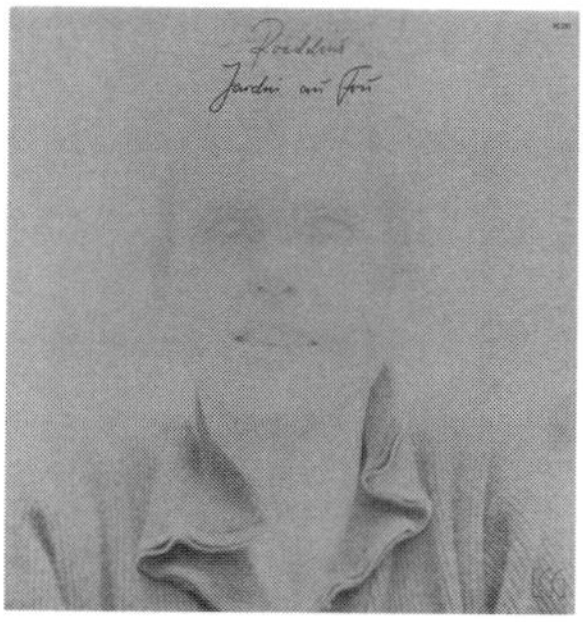

Hans-Joachim Roedelius – Jardin Au Fou – Egg（1979）

Chris Watson – In St Cuthbert's Time – Touch（2013）

ンヘン古楽スタジオ、グレゴリオ・パニアグアのアトリウム・ムジケー、マルセル・ペレスのアンサンブル・オルガヌム、ジョルディ・サヴァールのエスペリオンxx等々、愛聴してきた古楽グループは数知れないが、ここではフランスの合唱グループ、アンサンブル・ヴェナンス・フォルトゥーナの『De Profundis』を挙げておこう。彼らには、ロマネスクやゴシックの石造りの聖堂における声の響きを探求した作品が多いが、「深淵より」なるタイトルどおりここでも強烈な深度を持った声で中世の聖歌を響かせている。そういえば30年以上前に灰野敬二と話した際、彼もこのアルバムは大好きだと言っていた。

音響つながりで、スチュアート・デンプスターの『Underground Overlays From The Cistern Chapel』も。デンプスターはポーリン・オリヴェロスとのコラボレイションでも知られるトロンボーン奏者にしてドローン音響の可能性を開拓してきた米人実験音楽家。ここでは、彼が「礼拝堂」と呼ぶ巨大貯水槽に潜入し、仲間のトロンボーン奏者たちと超絶夢想ドローンを奏でている。冥界の残響。

自宅に閉じこもりながら木々の感触を味わいたいと思う人には、クラスターのハンス＝ヨアヒム・レデリウスの『Jardin Au Fou』をお勧めしたい。言うまでもなくレデリウスはドイツを代表する電子音楽家だが、彼の繰り出す柔らかな電子音は木のような温もりを持っており、静かな中庭で猫と会話しているような穏やかな空気感を醸し出す。フルートやチェロ等の生楽器も随所に配した本作（タイトルは「愚者の庭」なる意味）はとりわけ箱庭感、夢想感が濃厚だ。生ピアノによるミニマルなメロディに小鳥のさえずりが溶け込む「庭」〜その変奏曲「グロリア・ドローレス」の流れからは、レデリウスがブ

Françoise Hardy - Françoise Hardy – Kundalini（1971）

笹久保伸 – Perspectivism – Chichibu Label（2020）

ライアン・イーノに与えた影響の大きさを今更ながら実感させられる。

もっとリアルな自然音を聴きたい時には、クリス・ワトソンの『In St Cuthbert's Time』。キャバレー・ヴォルテールの創設メンバーであり、その後ハフラー・トリオの一員としても活動した英シェフィールド生まれのワトソンは、音楽家としてのみならず音響技師としてもBBCで多くの仕事をしてきた。特に、フィールド録音及びそれを元にした音響彫刻に関する情熱と技術においては、現在、世界最強だろう。英東北部の小島リンディスファーン島でフィールド録音された本作は、ケルト系の聖カスバート（St. Cuthbert）が修道院長として布教活動をおこなっていた7世紀の現地の音響的ランドスケイプを想像力豊かに再現した作品で、波の音や海鳥、アシカの鳴き声など、すべての音がショッキングなほど生々しく、一気に7世紀の小島にワープさせられる。

歌ものポップス作品も1枚ということで、フランソワーズ・アルディを。アルディの70年代前半の作品はいずれも傑作ばかりだが、漆黒の夜に一番溶け込むものとなるとやはり71年の『Françoise Hardy（私の詩集）』。当時ブラジルからフランスに政治亡命していた女性トゥーカのアコースティック・ギターと名匠レイモン・ドネによるオーケストレイションが全編で光る。アルディの全キャリア中で最もシンプルで最も影の深い作品だと思う。ちなみに、78年に30代半ばで亡くなったトゥーカは、本作と同時期にパリで制作されたナラ・レオンの歴史的名作『Dez Anos Depois』でも大活躍していた。

最後は日本人の作品で最近のお気に入りから2枚。秩父を拠点にする笹久保伸は長年ペルー／アンデス音楽をいかに自身の表現として昇華させるかを模索してきた異能ギタリストだが、その思いは最新作（通算29枚目）『Perspectivism』で遂に達成されたように思える。ペルー音楽的モード（あるいは手くせ）がほとんど消えたのは、武甲山に日々向き合う中で、憧れのペルー音楽と格闘してきた日本人としての自身を俯瞰できるようになったということなのだろう。芸術的苦悶を重ねて〝何かを突き抜けてしまった〟音の向う側に、新しい風景が確かに見える。

そして、サンバ・カンサォン〜ボサノヴァ系シンガー・ソングライター吉田慶子の『taurus』は、ギタリスト坂ノ下典正をゲストに迎えたライヴ盤。吉田はそのフラジャイルな歌声に常に50年代的エロティシズムとクールネスを宿した珍しい表現者である。ここではジョビンやシコ・ブアルキ、ルイス・ボンファといったブラジルものだけでなく「テネシー・ワルツ」、森山良子「今日の日はさようなら」等まで、柔らかい唇が耳元3センチでささやく。月の寂光の下に広がる静寂の美しさ……。谷崎の「陰翳礼讃」がこれほど似合うアルバムが他にあるだろうか。

吉田慶子 – taurus (2020)

（63）

Neil Young & Crazy Horse – Weld – Reprise (1991)

真夜中にニール・ヤングを聴く

水上はるこ

Weld

（みなかみ はるこ）72歳。1966年に新興楽譜出版社に入社。ビートルズ来日公演をすべて見るという幸運に恵まれる。その後『ミュージックライフ』『Jam』編集長を経て79年にフリーとなる。80年代の夏、ロック・フェスティバルを追いかけながら欧州を放浪。パリ、ブリュッセル、ロンドン、モスクワ、サンフランシスコ、ニューヨークなどに居住。19冊の本を出版。20冊目はロック小説『レモンソング』。

三月十一日、ユーストン駅を九時半に出発した列車は、ほぼ満員の状態で北上していた。私は乗り物の中や街を歩いているときには、絶対にウォークマンを使用しない。とりわけ外国にいるときは安全のためでもあり、人々の声が聞こえない状態がどれほど脅威かを身をもって知っている。窓の外をカズオイシグロ的な風景が流れていく。

赤と白のジャージを着たスペインからのサポーターたちは、思ったより静かで礼儀正しい。休

暇をとり、飛行機代、宿泊代、チケット代を払ってリバプールまで来るサポーターたちだから、それなりにマナーは心得ているのだろう。リバプールFCの赤いニット帽をかぶった私を軽くからかい、きっといい試合だよ、と親指をたて、あまつさえ私はマドリードから来た彼らと軽くハグさえしたのだ。

二月二十六日に羽田空港からエミレーツ航空に乗ったとき、すでに乗客全員がマスク姿だった。イタリアやスペインのコロナ禍は日本でニュースになっていた。しかし、ロンドンからエジンバラに向かい、大好きな古都で一週間を過ごすあいだ、宿泊しているホステルの若者たちや観光案内所でマスク姿はひとりもみかけなかったし、チラホラと話題になり始めていた東洋人への差別などいっさいなく、同宿のルーマニア人、リトアニア人、ドイツ人たちと話していても、ヨーロッパの南の国々の惨禍に話しが及ぶことはなかった。

だがエジンバラからロンドンに戻ってきた三月五日、パブでフィッシュ&チップスをつまみながら見ていたテレビは、イタリアとスペインの惨状と、英国にもすでに推定千人の患者がでているとキャスターが伝えていた。私は翌六日から、後述するバンド、『ライフサインズ』のクラブギグを三回追いかける予定で、ウエールズ、スゥインドン、サザンプトンのチケットを購入し、宿泊予約も入れていた。あわててライフサインズのグループページにアクセスし、「みんなも状況を把握していると思うが、アジアから来たばかりの自分は保菌者のリスクがある、残念ながら行けなくなった」とメッセージを残した。翌日、リーダーのジョン・ヤングから「今の時期、誰もが保菌者の可能性がある。せめてサザンプトンのギグには来てほしい」と返事がきた。私は「マスクをしてニット帽と手袋をしてギグに行く。私を見てもハグも握手もしないでほしい、軽く手をあげて挨拶をしてくれ」とメッセージを残した。

ライフサインズはジャンルでいえば『ネオ・プログレ』という部類に入るらしい。ジョン・ヤング（キーボード&ヴォーカル）を初めて知ったのは八〇年代末から九〇年代にかけて、ジョン・ウェットンがカール・パーマーと束の間のエイジア再結成をしたとき、ジェフ・ダウンズの代わりにキーボードを弾いていたのがヤングだ。口の悪いファン（私のことだ）からは『偽エイジア』とも呼ばれていたが、オリジナル・メンバーがふたりいればエイジアという名称が使用できる、という複雑な利権でタイトロープの上を歩いていたエイジアに在籍し、その前後にウェットンのソロ『アークエンジェル』にも参加し、ウェットンと作曲もしている。

ライフサインズにたどりついたのは、キング・クリムゾンやジェスロ・タルがマスターテープを預けるほどの信頼を獲得しているスティヴン・ウィルソンのバンドで、ベースを弾いているニック・ベッグスがライフサインズのファースト・アルバムに参加していたからだ。チャップマンスティックもあやつるニックは才能をかわれてスティーヴ・ハケットに誘拐され、さらにウィルソンに口説かれ、貧乏バンド（想像）のライフサインズを去った。（ニックの名誉のために書いておくがヤングとの友情は続いている）。また今回のツアーにはケルティック・プログレのアイオナ（IONA）のギタリスト、デイヴ・ベインブリッジが参加している。

私はパスポートを再取得し、十年間行かなかった英国に行く決心をした。しかし最初に書いたように、三週間のこの旅は背後から迫りくるコロナ禍との競争でもあった。「非日常」から生まれるある種のハイパーな緊張状態が、三月十八日に帰国するまで続いた。

三十五年間、音楽ビジネスの仕事をしてきたが、いわゆるプログレッシヴ・ロックの記事や評論は99パーセント、男の仕事とされてきた。私はたまたま英語ができるというので、ブライアン・イーノ、ジェネシス、ジョン・ウェットン、PFMなどのインタビューの仕事がまわってきた

(66)

だけだ。ことほどさように、プログレ・ファンはやっかいであり、その分、熱く、こだわりやウンチクを語らせると一億シェラザードと化す。私が一年前にツイッターを始めて数ヶ月たった時期、あるフォロワーが「水上さんが完全にこっち（・・・）側（・・）の人なので驚いた」とツイートしていたのには苦笑した。こっち側をあっち側も、私は雑食リスナーだからなんでも聴く。ただパンクやキッス、エアロスミスあたりのイメージが強かったのだろう、水上はプログレも聴く、という「悪い冗談」はフォロワーのあいだに浸透しつつあるようだ。

「悪い冗談」を進める前に時系列を整理しておく。エジンバラからロンドンに戻り、三月八日にサザンプトンでやっとライフサインズのギグを見ることができた。観客の年齢層は高く、明らかにこっち側の人たちで、ネットで私のことを知ったという男性が飲み物を差し入れてくれた。ジョン・ヤングも挨拶に来てくれたが、私たちは両手を大きく広げて三〇秒ほど見つめあっただけだった。まるで出来の悪い三流コントのような出会いだった。

キーボード奏者がリーダーでヴォーカルというネオ・プログレは、リバプールの教会で宗教音楽を学びながら習得したヤングの巧みな作曲（彼はすぐれたメロディー・メイカーだ）にデイヴの抒情的でメリハリのあるギターがからみ、はるか英国まで遠征したかいがあった。ヤングは「今晩は日本からハルコが見に来てくれている」とステージから私に拍手をしてくれた。いや、拍手するのは私だ。リバプール出身の彼はいわずもがなビートルズの影響を無意識にうけており、〝エリナー・リグビー〟などのアンサンブル手法を感じさせる曲もある。

翌日はジョン・ウェットンが晩年を過ごした、また、少年時代にロバート・フリップに出会った都市、ボーンマスに足をのばした。

再びロンドンに戻り、三月十一日、欧州サッカーの最高峰を決めるチャンピオンズ・リーグ（C

L）の準準決勝を見るため、リバプールのアンフィールドに行き、サラーが重心の低い身体でゴールにかけあがってくるのを目の前で見た。そして、これが二〇二〇年のCL最後の試合となり、その後の欧州のサッカー試合はすべて中断された。二カ月後の五月中旬、このときすでに英国には五千人の患者がおり、スペイン人の流入を防ぐために無観客試合にするという話しあいがあったと、スペインの『マルカ紙』が伝えている。

私は一万枚のアルバムをインストールしたiTunesでロックを聴く。また、十六本のウォークマンを使い分けており、パソコン経由でダウンロードした曲を、さまざまな用途に分類し、その手順がまたまた楽しくて仕方がないガキみたいな老女だ。

今回の旅にはオールマン・ブラザーズ・バンドのコレクションを一本だけ携帯した。最初は16ギガで十分だったが、オールマン・ファミリー、すなわちデレク・トラックス、ウォーレン・ヘインズ、ディッキー・ベッツ、公式海賊版、それにネットに次々にあがっては消えるライヴを集めると、32ギガでパンパンになってしまった。街を歩くときや乗り物では聴かないから、夜、寝付くまでの完璧なBGMの役割を果たしてくれる。とりわけ気に入っているのは、二〇〇四年の『フォックスシアターライヴ』で、グレッグ・オールマン五十七歳、ヘインズ、トラックスは二十代から四十代、熟成した果実を味わうような世紀のライヴである。三日間にわたってくりひろげられたライヴでは、ヘインズとトラックスが〝ドリームス〟のソロを別々の日にそれぞれが演奏したり、客の歓声をあえて落とさず、ライヴの一部として入れ込む編集もすばらしい。グレッグが歌う〝Worried Down With the Blues〟などは観客が唾をのむ一瞬まで感じることができる。また、一般にはあまり評価が高くはない「Hittin The Note」で珍しくローリング・ストーンズの（オールマンとストーンズは縁が深い）、〝ハート・オブ・ストーン〟をカバーしており、グレッグの真骨頂が聴ける。そして遺作となった「サザンブラッド」は言うまでもない。

プログレッシヴ・ロック専用のウォークマンは、32ギガが三本あったが、昨年、アーティスト別に切り離したものと、ヘヴィーローテーション用のも加え5本になり、更に増え続けている。これは六〇年代からのバンドがリマスターや未発表テイクをいっせいに発表したのと、ネットに続々とアップされる質の良い（特にピンク・フロイド）ライヴが大量に増えたことに起因している。

そしてご想像のように、ヘヴィーメタル専用が3本、ジャズ・フュージョンが三本、ブラジル音楽（ミルトン・ナシメントとカエタノ・ヴェローソはほぼコンプリート）、ビートルズ関連が一本、別にウォーキング時に携行するリズムやビートのメリハリがあるコンピレーションが2本。主にTO，プリンス、トミー・ボーリン、ジョン・メイヤー、アイアン・メイデンなどをエクササイズ用に組み合わせてある。笑わないでいただきたいが、エリック・クラプトンだけでも一本ある。

この原稿にとりかかったとき、iTunesをニール・ヤングに合わせた。4時間たった今、やっと〝Cowgirl in the sand〟が始まった。

私は二年前から小説を書き始め、二〇一八年にロック小説『レモンソング〜金色のレスポールを弾く男』を完成させた。夜中にニール・ヤングを聴きながら小説を書くのが好きだ。あるいは、夜中に小説を書きながらニール・ヤングを聴くのが好きだ。

どちらも正しい。

水上はるこの10枚

Lifesigns – Lifesigns - Esoteric Antenna (2013)

The Allman Brothers Band – Fox Theatre Atlanta - Instant Live (2004)

Alphonse Mouzon – Mind Transplant - Blue Note (1975)

Milton Nascimento – Miltons - CBS (1988)

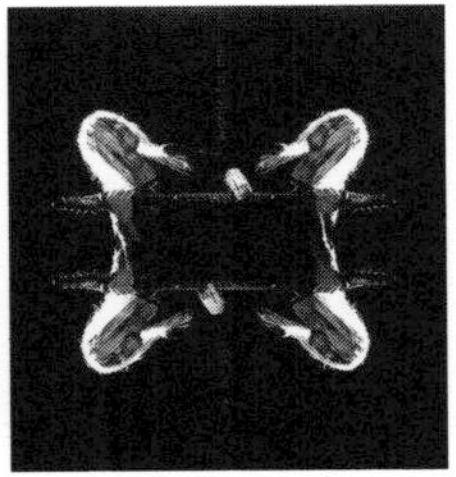

Nick Beggs – Words Fail Me - Esoteric Antenna (2019)

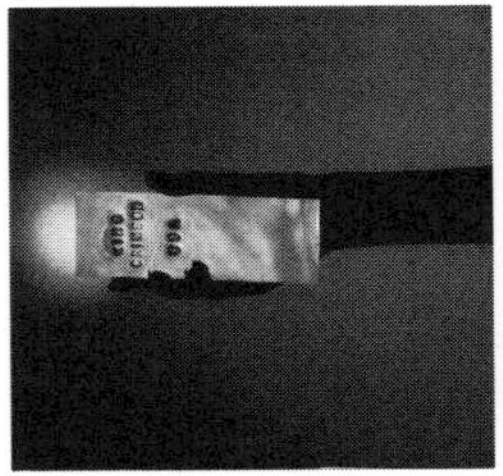

King Crimson – USA - Island (1975)

Judy Dyble – Talking With Strangers - Tonefloat (2009)

The Greg Mathieson Project – Baked Potato Super Live! - CBS/Sony (1982)

Landau, Vinnie Colaiuta – Live At The Baked Potato 2000 - LMNOP Music (2001)

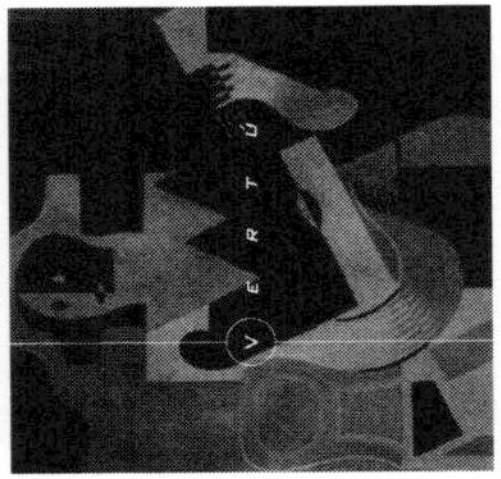

Vertú – Vertú - Epic (1999)

Haruko Minakami

ベランダで口笛ライブを

星野智幸

（ほしの ともゆき）作家。1965年生まれ。新聞記者、メキシコ留学を経て、1997年、『最後の吐息』で文藝賞を受賞しデビュー。2000年『目覚めよと人魚は歌う』で三島由紀夫賞、2003年『ファンタジスタ』で野間文芸新人賞、2010年『俺俺』で大江健三郎賞、2015年『夜は終わらない』で読売文学賞、2018年『焰』で谷崎潤一郎賞。他に『呪文』『星野智幸コレクション』、エッセイ集『未来の記憶は蘭のなかで作られる』など。

（71）

ちまたで自粛生活が求められるようになったとき、はて、どうしたものか、と困惑した。

自粛生活とは、自宅で仕事をして、連絡や打ち合わせはインターネットを利用して、不要不急の外出は避けて、出かけるのは散歩やスーパーでの買い物ぐらい。余暇には自宅で読書をしたり、電子書籍で漫画を読んだり、オンラインで映画やドラマを見たり。

それって、私の普段の生活そのものじゃないか。

ということは、自分の日常は、けっこう厳しい自粛をしているようなもんだったってことか。

毎日、頼まれもしないのに、緊急事態宣言を自分に発令して、嬉々として従ってたわけか！

だから、自粛生活が始まっても、何の変わりばえもない日々だった。

こんなの慣れてる、と思った。楽勝、楽勝、と。

でも、違うのである。ご褒美がないのである。この小説を書き上げたらパーっとやるぞ、友達と会いまくって、我慢していた芝居やライブを観に行って、メキシコに行ってタコス食いまくってやる、というような目標を立てられない。この監禁生活もいつか終わりは来ると思っても、具体的な時期はわからないのだ。

解放の約束なきこの蟄居は、精神的にまったく別物だった。毎日出勤して一杯呑んで帰る、というような生活をしている人には、日常が失われる生活かもしれないけれど、私にとっては、非日常が失われる生活なのだ。

そう、引きこもり生活にとって大事なのは、非日常の時間。完全にスイッチがオフになる時間、と言ってもいい。変な言い方だけど、活動時間中にも、仕事脳がオフになる、いわば目覚めたままの睡眠の時間が必要なのだ。それを自分で決めなくてはならないのだ。

たぶん、リモートワークを体験した人たちにも、この感覚は理解してもらえるのではないだろうか。

自宅が仕事場の生活を長年続けて、私は自分なりのオンオフの切り替え方法を確立している。仕事は書斎でしかしない、だから書斎の出入りがオンオフのスイッチになる。夕飯後は仕事はしない。高さが上下するデスクを導入して、時にスタンディングで書いたり読んだりする。

中でも重要なのが、隣近所の音を気にしない、ということ。私のデスクの前の窓は、保育園に面しており、時間によっては子どもの声に満ちている。また、前の車道にトラックがエンジンをかけて止まっていると、低周波ノイズがうるさい。マンション住まいなので、上階や左右の部屋の足音もそれなりに響いてくる。特に、学校が休校になってからは、子どもたちの足音がすごい。耳栓をしたりノイズキャンセリング機能のあるイヤフォンをしたりという方法も使うが、それはあくまでも補助。根幹は、いかに自分がそれを気にならないと感じるようになるか、にかかっている。

毎日のことなので、気にし始めると仕事が手につかなくなる。こっちは家が仕事場なんだよ、そういう人間もいることを理解してくれよ、と不当な気分がつのってくる。まして、感染拡大防止でやむなく家にいるとなると、仕事をしているいないにかかわらず、「迷惑だ」という不満が蓄積していくだろう。

私が取り入れたのは、メキシコ方式である。小さな迷惑はお互いさま、だから迷惑はかけあっても気にしない、というもの。つまり、私も音を出しても気にしない。

もちろん、嫌がらせのように音を立てるのではない。音楽を聴いているときに、それがつい大きな音量になっても、迷惑だから控えよう、とは思わないようにするのだ。

メキシコでは、週末になるとどこかの家でホームパーティが開かれ、巨大なアンプとスピーカーがレンタルされ、深夜までクラブのような大音響で音楽が鳴っているのが普通だ。私がメキシコに住んだ当初は、とても眠れたものではなく、いちいち腹を立てていたが、そのうち気にならなくなった。音楽がお裾分けされているのだ、と思うようになった。長距離深夜バスに乗っても、運転者が夜通し平気で音楽を流していたりする。

メキシコシティで生活していて、何よりも楽だと感じたのは、人が他人の細かなことを気にしていないことだった。それは、音楽がどこでものべつまくなしに流れていて、それを迷惑と感じない、という生活感覚と一体だ。

自宅が職場である私は、オンとオフをはっきりさせるため、これを導入したのである。音楽がかかると、頭がオフになるようにする。何も考えない白紙状態にすることが大事。まずは、夕飯の支度中に音楽を大きな音で鳴らし、踊る。私が好むのは、ラテンの音楽。サルサとかメキシコのソン・ハローチョとかドミニカのメレンゲとか、その類。音楽が鳴れば体が自然に動き始めて、そのリズムとともに家事が進む。

防水のワイヤレススピーカーが登場してからは、風呂でも聴くようになった。風呂場を音で満たすと、ちょっとライブハウスにいる気分になれる。

自粛生活が始まってから、しきりに聴いたのが、フロール・デ・トロアチェとかエル・ハル・クロイとか、ソン・ハローチョを奏でるモノ・ブランコとか。ここ1、2年に聴きに行って深く心に刻まれたライブが、それらの音楽だったから。近い将来の解放の約束がない状態では、異世界を泳いでいるあのときの感覚が必要なのだ。非日常を記憶から取り出すために、アルバムを聴いた。やはりライブの記憶が青春の思い出ともなっている私にとっての懐メロ、ザ・ニューヨーク・バンドなどもヘビロテに入っている。

最近始めたのが、ベランダに洗濯物を干す間、ワイヤレススピーカーをベランダに置いて、やはりサルサとかをかけ、踊り干しすること。住宅街だけど、洗濯干しの20分ぐらいだけは、通りに向かって音楽をお裾分けするのである。さすがにクラブのような大音響にはしないけれど、自動車の音とかよりはマシだと思ってくれないかな、と期待して。

欧米でロックダウンが始まった当初、ベランダで楽器を演奏したり歌を歌ったりする人が現れた。スペインでは三大テノールとして有名なホセ・カレーラスが、バルコニーで歌った。ニューヨークでも知人の向かいのマンションで、エレキギターを演奏する人がいたし、コロンビアでは警察官がマンションの人たちに向かってズンバを踊った。

みんな、ライブが欲しいのだ。今、自分のそばに生きている人間がいて、気をともに分け合っている、という確かな感覚が。

それらを見ていたら、私も演奏してみたくなった。けれど何の楽器も弾けない。

ピアソラのタンゴを信奉している私は、本当はバンドネオンを弾けるようになりたいが、今生での習得は難しそうなので、それに近い楽器でもう少し簡単そうなものを、と考えて思いついたのが、ハーモニカだった。本気でハーモニカを習おうとブルースハープのCDを買って聴いて、何を大それた勘違いしてるんだと気づき、それならせめて口笛でも吹くか、と試してみる。

しばらくは音なんか出やしない。数週間してようやく、すかしっ屁から耳に聞こえる屁ぐらいになっても、今度は音程が外れている。カラオケが苦手な私は、存在が音痴なのだ。

風呂で音楽を聴く際に、正しく音階を鳴らせる練習をしたりして、少しずつ上達している。今やバスタイムは特訓の場と化している。

いろいろな曲を手当たり次第に吹いているうち、アンデスのフォルクローレとやたらと相性がよいことを発見した。そりゃそうなのだ、口笛は笛の一種なので、フォルクローレのケーナとかサンポーニャという笛とは、音の質や音域が近い。そこで、瀬木貴将を師匠として、CDに合わせて吹きまくった。うちの人にうんざりされるほどに。でも迷惑はかけあうものだから。すまないね。

こうなると、各種の笛の真似をしてみたくなる。我が偏愛するピアソラの、フルートを使った「タンゴの歴史」とか、もうクラシックまで行ってモーツァルトのフルート四重奏曲とか。朝の目覚めは、このエマニュエル・パユのフルート最高。

そして、目指すべき高みに出会った。ケーナを最高の芸術表現に高めている、フォルクローレ界のピアソラともいうべき岩川光の、バッハである。これが吹けるようになったら、私の口笛人生も一つの達成を見ることになるだろう。

でも、忘れてはいけないのは、やはりタンゴとピアソラ。本当はバンドネオンの代わりに口笛を吹いているのだから、口笛でバンドネオンすることがもう一つのゴールだ。その目標となるのが、ハーモニカでタンゴを吹く孤高の天才ウーゴ・ディアス。この人はとんでもないですよ。

このすべての音楽を、洗濯干しの最中にベランダで流しながら、私は口笛で伴奏をしている。心の中では、ライブをしているつもりで。時に音が出なくなったり音を外したりしても、かまわずに。

実際には、人さまに聞かせられるレベルにはほど遠く、完全な自己満足だ。

それでもいいのだ。鼻歌のようにふと口笛を吹いているだけで、コロナ禍の世界から浮遊して、非日常に漂えるのだから。しかも、腹式呼吸をするから、呼吸器の健康にもいい。心も整えられる。

もともと音楽は、自宅で人とも合わずに仕事をし続けている自分にとって、日常の中のごく小さな非日常の時空間を与えてくれるご褒美。その時間は頭を空っぽにして、気持ちを解放して、生活にリズムを作る。

コロナ禍で人と会えるのがいつになるかも不明な中、自ら架空の口笛ライブをすることで、自分を通じて人の息吹を感じる。自粛中の、差し押さえられたような、どこか身動きのできない時間から抜け出して、自分の命を生きる。

そうして私は夢見る。コロナ後の世界では、ベランダや庭やストリートで、音楽家であるかどうかにかかわらず、誰もが気が向いたときに好きな音楽を奏でるのだ。何の楽器もできない人たちは口笛で。鳥のさえずりのように口笛のメロディーがあちこちから響き、それを迷惑と感じない緩い生き方は、すぐそこにある。

Tomoyuki Hoshino

(77)

星野智幸の10枚

フロール・デ・トロアチェ – ラス・カラス・リンダス – Chulo Records（2017）

エル・ハル・クロイ – 192192192 – Barrio Gold Records（2016）

Grupo Mono Blanco y La Cofradía de San Antonio – Matanga –（レーベル不明　2007）

The New York Band – Nadie como Tu! – RMM Records & Video Corp.（1991）

オムニバス – 黄金時代のハープ・ブルース – P-VINE（1999）

瀬木貴将 – ANDES – ポリスター（2001）

Cacho Tirao/Juián Vat – historia del tango – Discmedi Blau（1999）

Emmanuel Pahud – Mozart Flute Quartets – EMI（1999）

岩川光 – Johann Sebastian BACH 3 Suites BWV1007-1009 – OTONOMADO（2017）

ウーゴ・ディアス – 魂のタンゴ・ハーモニカ～ブエノスアイレスのウーゴ・ディアス – ビクターエンターテインメント（1999）

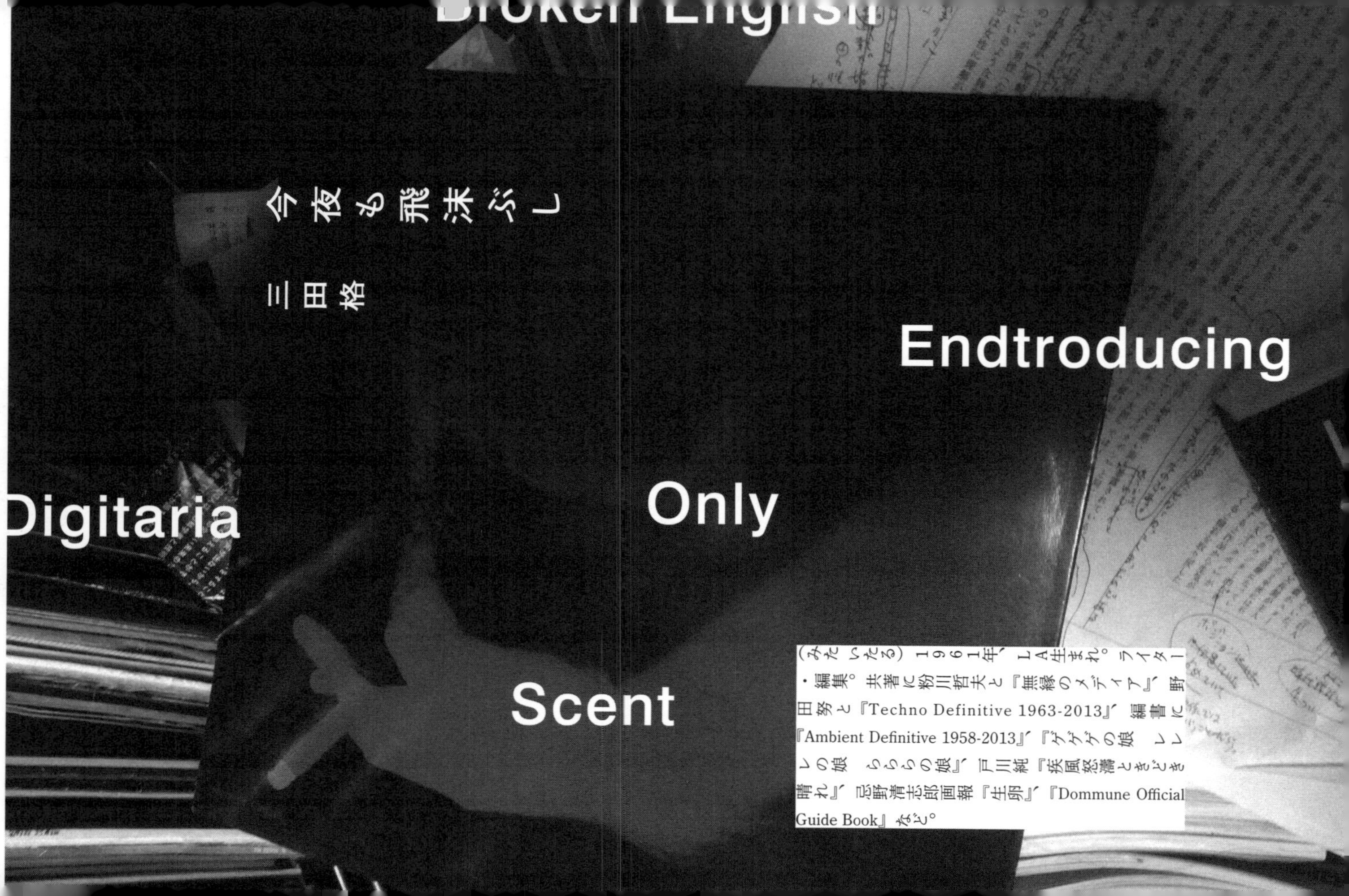

今夜も飛沫ぶし

三田格

(みた いたる) 1961年、LA生まれ。ライター・編集。共著に粉川哲夫と『無縁のメディア』、野田努と『Techno Definitive 1963-2013』、編書に『Ambient Definitive 1958-2013』、『ゲゲゲの娘 レレレの娘 らららの娘』、戸川純『疾風怒濤ときどき晴れ』、忌野清志郎画報『生卵』、『Dommune Official Guide Book』など。

親に聞いた話では、僕は小学校に入ってから無口になってしまったという。それまでの自分とはどうも違ったらしい。入学前の自分と入学後の自分。集団生活に左右されたということだと思うけれど、自分ではよくわからない。変わったという自覚もないし、記録もない。自分が躁鬱気質だと気づいたのは中学に入ってからで、人前で騒ぐとあとで反動が激しく、気分の浮き沈みを避けるために10代の頃はなるべく人と口をきかないように心がけていた。なのに、議論好きだった。これには困った。いい議論もたくさんあったけれど、人間関係が悪くなってしまうことも多く、決定的だったのは高校時代に、それも卒業間際に「お前は自分の言葉で話すから嫌だよ」と友だちに言われたこと。ダメなのか。自分の言葉で考えると友だちを失うのか（!）。70年代後半に入ると「話がピーマン」とかディスコミュニケーションという和製英語が流行り始める。ということは会話がスムーズではないというのは僕だけの感覚ではなかったということなのだろうけれど、「話が通じないのは当たり前」という認識が広く共有されるようになると、大人も「君とは分かり合えないね」などと簡単に結論づけて、人とわかり合うことを諦めるのはあたかもスタイリッシュなことであるかのようになっていく。それでも話を続けようとすれば「暑苦しい」とされたのが80年代。時代の気分として「言葉は飲み込むもの」になり、いまから考えれば、それが「おたく」の必要条件となっていく。僕も気質的にどんどんそっちに振れていって、いってみればディスコミュニケーション肯定派だった。誰とでも話せばいいというものではない。『話せばわかるか』（糸井重里）という書名にもそれはよく表れている。誰かとじっくり話し合うことがなくなると、自分が世の中の一部である必要も感じなくなる。これは「政治嫌い」に通じていく。人と話をするとロクなことにならないし、それこそ人生は「言わなければよかった」の連続となっていく。あるいは「♪自分は正しいと逃げ出す〜」（〝春の空っ風〟）か。結果的に議論好き

の部分を抑えて、誰とも口をきくまいとしていた10代の頃と基本動作は同じになっていく。90年代の『ele-king』で「お前さえ黙っていれば世界はすべてうまくいく」というタイトルの連載をやっていたのは、あれは自分のことで、自分への忠告を他人の課題のようにして反転させただけ。そういうことは上手くなっていく。コピーの時代に育ったからだろう（スローガン尽くしの小池都政はまさにその反復強化）。とはいっても思ったことを口に出してしまうのはかなりな誘惑なので、自分の意見をうっかり外に漏らしてしまうこともあり、いまだに「今日こそは喋らないぞ」と決意を新たにしてから外出することはなかば習慣化している。「♪無口になったぼくは ふさわしく暮らしてる〜」（〝多摩蘭坂〟）——といきたいのだけれど、なかなかそうはいかない。この曲の作者である忌野清志郎が実は無口ではないことを知っている人は「無口になった」という表現に感慨を抑えきれなかったのではないだろうか。しかし、よく喋る忌野清志郎が「無口」になったからこそ、この歌詞も生まれたわけで、人と話をしないことがつくる道もあるといえる。そして、その多くはアートと呼ばれる領域にある。よく喋るアーティストがつくる作品にも優れたものはある。別に否定しているわけじゃない。

新型コロナウイルスが人々に自粛生活を強いるようになると、ひんぱんに「人と会いたい」「みんなと話がしたい」と書き散らす人が目についた。毎日のように「苦しい、苦しい」と書いているオピニオン・リーダーもいた（それで共感が得られることになんの疑いも持っていない）。せっかく人と話をしないですむ環境や言い訳がそろったというのにバカかと思うと同時に、どちらかというと普段からあまり人と会話をすることがない僕のライフスタイルを否定されているような気もして、だんだん腹が立ってきた。会社でわいわいとみんなで働かないのはそんなに悪なのか。ひっ

きりなしに誰かと会話していることがこの国を成り立たせている主要原理なのか。集団がそんなに好きか。「♪離れているから優しくなれるよ〜」（"恋のバッドチューニング"）ではないのか。1日のうちで僕は誰とも会話をしないですむことがわかっている深夜だけが好きで、ヴァンパイア映画をつくった監督は等しく同じ思いなのだと思っている。キャサリン・ビグロー、パク・チャヌク、岩井俊二、トーマス・アルフレッドソン。この5ヶ月、僕は同じ家で暮らしている人を除けば本当に人と話をしていない（エレキング編集部とミーティング2回、医者に5回、看護師さん2人と1回、ZOOMでジェフ・ミルズ夫妻&野田努と1回、隣に住んでいるディズニーランドの管理会社の人に営業状況を尋ね、上の階に越してきた中国人夫婦が挨拶に来て、道で袋を落とした人に「落ちましたよ」と声をかけたのと、間違い電話が2回）。飛沫の飛びようがないので、マスクをする必要も本当は感じていない。人と話をしないのは簡単なことで、買い物もすべて無言。家から出て戻るまでに一回も口を開けない自信もある。海外へ行くと思い知らされることだけれど、自動販売機の多さが象徴するように日本という国は誰とも会話をせずにあらゆることができるようにつくられてきた都市であり、無言で押し通すのに障害となるのは知り合いとばったり会ってしまうことぐらい。遠くから知り合いが歩いてくるのを見つけたらとにかく見つからないことである。それで人生から会話というものはほとんどなくすことができる。いや、誤解しないでほしい。友だちと会って話をするのは年に1回あればいい方なので、会話のありがたみというものを僕はよくわかっている。それは世界が一変してしまうほど嬉しいことで、つい調子にのってしまい、あとでまた反動に襲われるにしても。そのようにして子どもの頃から気分の浮き沈みが激しかった僕はいつも音楽に救いを感じていた。音楽がなかったら僕はもっと人生を思いつめていたことだろう。選曲さえ誤らなければ音楽は本当にその日の気分を手際よく解決してくれる。コロナ禍にあっては、しかし、音楽の効果はいつ

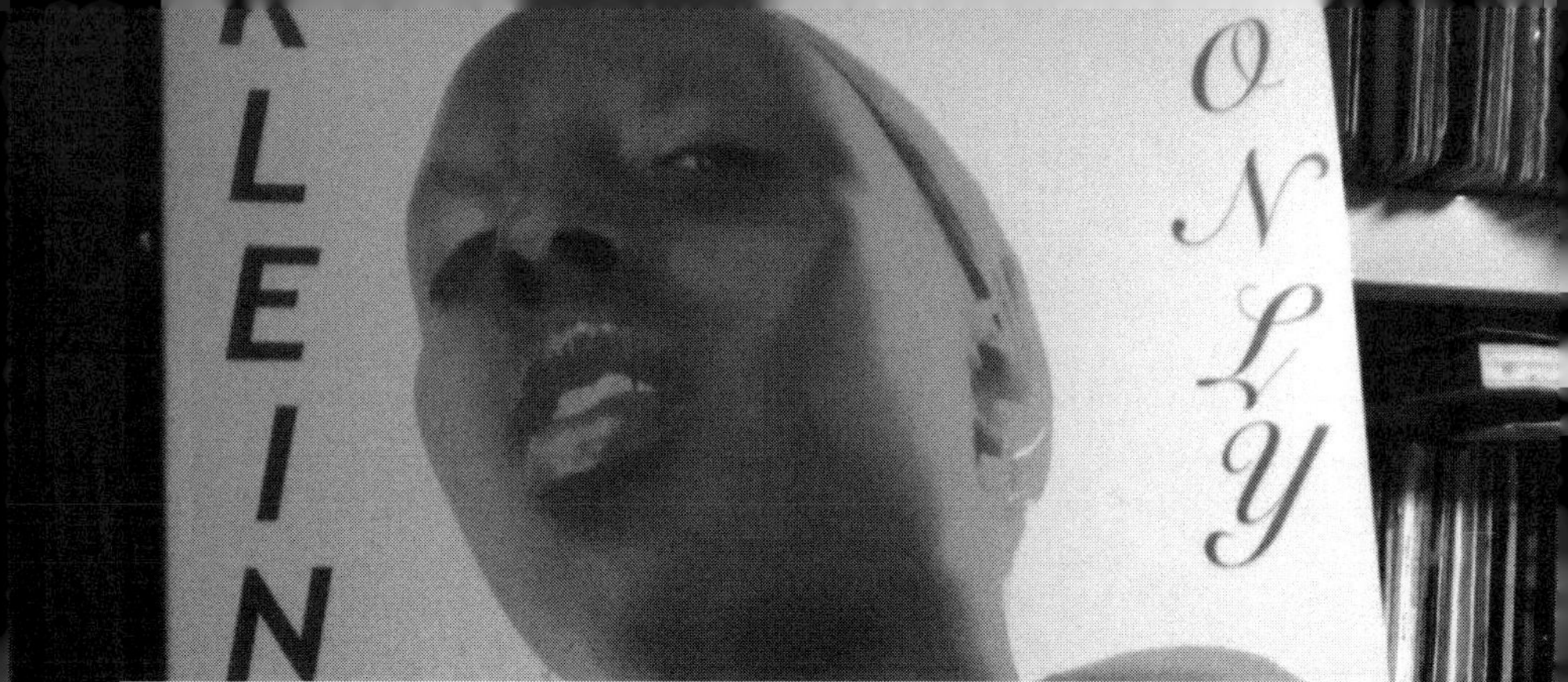

もと同じで、コロナ禍だからどこか違っていたということがなかった。いつもと同じように8割方は新譜をチェックしているだけで、音楽を選ぶ感覚に特別なバイアスはかからなかった。東日本大震災の時はなぜだろう、あの時は音楽を聴くとすごく動揺してしまい、何日も音楽を聴くことができなかったのに。コロナに関しては僕よりも世の中の方が大変だったからだろうか。自分でもコロナ・パニックを冷静に見ているという自覚はあった。エレキングのコロナ別冊に書いた文章も珍しくスッキリしていて、あれでも雑味や乱れは少ない。延期と聞いて808ステイト「Olympic」をふざけて何度も聴いたぐらいだし、医療崩壊と聞いてナショナル・ヘルスのアルバムを探したり、音楽には基本的に遊びに近い気分で接している。不幸な経験をした方には本当に申し訳ないけれど、普段から家に戻ると顔や手を洗う習慣のある僕はスポーツジムが閉鎖してしまった以外、ほんとにいつもと変わりない日常であり、マイナスをプラスに変えるツールとして音楽を使うことはなかった。なので、本題としては、このところ聴き直して面白かった盤を10枚選ぶことにしました。まずは『Zero Set』。ヤン・シュルツの編集盤がきっかけでドイツとアフリカ音楽の関係に興味が湧き、20枚ほど聴いたなかの1枚。メビウス&プランクは圧倒的にファーストがオリジナリティにあふれていると思っていたけれど、コニー・プランクがプロデュースしたデューク・エリントン晩年の〝Afrique〟を聴いたことで（デューク・エリントン『The Conny Plank Session』として15年にリリース）、『Zero Set』に対するコニー・プランクの思いがいままでとは少し違って感じられた。「テクノの青写真」という聴き方だけでは見えないものがあったというか。アフリカ音楽にはここ数年ずっと興味があるので、『IDM Definitive 1958 - 2018』を編集した時に再発見したジ・アンチ・グループ『Digitaria』も最近のジェリ・ジェリ（セネガル）やニヒロクシカ（ウガンダ）と同じ文脈で聴き直している。34年前の作品なのに、むしろ先を行っている。近い

ものがあるとすればクライン『Only』だろうか。『Digitaria』にある人類学的な視点を個人的な感覚に置き換えれば『Only』になるとか（?.）。温故知新といえばザ・ビートルズ。映画『ジョジョ・ラビット』で使われていた〝Komm Gib Mir Deine Hand〟とウェブ版で追悼文を書いたリトル・リチャードの〝Long Tall Sally〟が続けて収録されているので『Past Masters』がここのところは使い勝手がよかった。ビートルズには何度も驚かされ、いつも新鮮さを感じている（いつかビートルズだけで一冊書きたいものだ）。ニューヨークの病院でコロナ患者が治って退院する時は毎回、〝Hello Goodbye〟がかかっていたらしい。マリアンヌ・フェイスフルが入院した時は『Broken English』を聴いた（22日後に退院）。若い人には峰不二子のモデルだといえば通じるか（?.）。ジュリアナ・バーウィックのインタビューのために「声」について考えていたらメデリン・マーキー『Scent』が聴きたくなる。聴く。ふわふわ。

TVでワイドショーを観ていたら宇田川町のクラブ・アジアが窮状を訴えるリポート。TBSの取材記者が思い出を熱く語るバックでDJシャドウが延々とかかっている。この選曲はわかっている。フランスでチーズが売れないというニュース。生活必需品だとは見なされなくなったらしい。フランスってそうだっけと思い、アンリ・トルグを聴く。〝Le Labyrinthe Ecarlate〟はミニマル・ミュージックで一番好きな曲。マスクをしていると息苦しくなるのが楽しくなり、鼻呼吸を荒くしようとブルー・ロンド・アラ・ターク〝Klacto Vee Sedstein〟をフガフガと口ずさむ……いや、鼻ずさむ。歩きながらどんどん苦しくなっていき、もはやミゾーユーの快感である。しかも、マスクをしていると買い食いも減るし、無言でいても変じゃない！

三田格の10枚

808 State – Olympic – ZTT（1990）

Moebius – Plank – Neumeier – Zero Set – Sky（1983）

T • A • G • C – Digitaria – Sweatbox（1986）

Klein – Only – Howling Owl Records（2016）

The Beatles – Past Masters Volumes One & Two – Parlophone（1988）

Marianne Faithfull – Broken English – Island（1979）

Madalyn Merkey – Scent – New Images（2012）

DJ Shadow – Endtroducing..... – Mo'Wax（1996）

Henry-Skoff Torgue – Souvenirs Des Cités Crépusculaires – Sonart Disques（1976）

Blue Rondo A La Turk – Klacto Vee Sedstein – Virgin（1982）

ホームリスニングのサイケデリアを求めて

増村和彦

（ますむら かずひこ）大分県佐伯市出身。ドラマー／パーカッショニスト。2012年からバンド「森は生きている」のメンバーとしてドラムと作詞を担当。アルバム『森は生きている』『グッド・ナイト』をリリース。バンド解散後は、GONNO x MASUMURA、Okada Takuro、ツチヤニボンド、ダニエル・クオン、水面トリオ、影山朋子など様々なレコーディングやライヴに参加。

Kazuhiko Masumura

新型コロナウイルスのパンデミックの影響によって、悪夢や奇妙な夢をみる人が増えているらしい。パンデミック・ドリームといって、その内容はウイルスが目に見えず明確なイメージがないこともあり多岐に及ぶとして、夢を思い出させる回数を35%増加させ、悪い夢を通常より15%増やしているという。トラウマを処理する夢には、ふたつのパターンがあって、ひとつは出来事をそのまま参照したり再現したりするもの。もうひとつは、トラウマの要素が象徴的に現れる幻想的な夢。パンデミックによって行動や刺激が制限されて、潜在意識が過去に向かってしまうのだろうか、ぼくも例に漏れず、ひとつめの形で、思い出したくもないようなものを夢に見せられ

増村和彦の10枚

Fools – Fools Harp Vol.1 – Music From Memory（2020）

Alex Albrecht pres. Melquiades – Analogue Attic –（2019）

Laurel Halo – Raw Silk Uncut Wood – Latency（2018）

Joe Armon-Jones – Starting Today – Brownswood Recordings（2018）

V.A – Outro Tempo:Electronic And Contemporary Music From Brazil 1978-1992 – Music From Memory（2017）

Tony Allen – The Source – Blue Note（2017）

Chihei Hatakeyama – Mirage – Room40（2017）

Grouper – Ruins – Kranky（2014）

Robert Ashley – Private Parts – Lovely Music, Ltd.（1978）

Fẹla And Afrika 70 – Zombie – Coconut（1977）

ることが増えてしまった。寝起きの気分は最悪だけど、これはよくないことばかりではなく、寧ろ、普段意識していなかった心の底に巣くっているつまらないものを自覚して、よりよく生きることを後押ししてくれるのかもしれない。

ホームリスニング、殊にレコードを元に、妄想掻き立て、音楽に触れてきたものにとってただひとつの願いは、小さな部屋に渦を巻いていたい、ということだ。

針を落とすと香り立つものに感じ入るだけで、立派なホームリスニング体験だが、ときにはもう一歩踏み込んで、そのオリジナルのカタログ化されていない部分から自分用の意味を見つけ出すことは、架空のアイデンティティの種にもなる。それを繰り返すことによって、それぞれの音楽が持つそれぞれの響きと、出来合いの意味が、渦を巻きながら、無意味化してカオスを形成する。その得体の知れないカオスの中に身をおくことは快感に他ならないし、つまらないものから身を守るバリアにもなる。

パンデミック禍では、時間は否応なしに進んで、孤独のなかで作られたそれは、日毎に有り難くない数字を知らせてくれる。実態のない数を数えるのにも飽きた頃には、部屋でひとり音楽を聴くことにも飽きてきて、誰かと音楽を聴きたいと思うようになる。東京時代は、カオスを形成した部屋に誰かを招き入れ、また違う風を吹き込んでもらったり壊してもらったりして、さらなるカオスを形成することをいつも楽しみにしていた。でもそれは、緊急事態において、さらに自分の住んでいる田舎では適わぬことで、だから、人に会うため毎月のように東京へ出向くところもあるのだが、自ら選んでいることなので仕方のないことだなんて思っているうちに、その欲求すら去ってしまって、気が付いたらつまらないナイトメアに侵されてしまった。そのまま行動や思考を止めてしまえばウィルスの思う壺で、ナイトメアは、そのことへの最後の警鐘かもしれない。飽きている場合ではなかった。いまこそ、ホームリスニングにおけるストイックの快感を味わうチャンスだ。

とはいえ、溢れかえった情報やカタログに、闇雲に真っ向勝負を挑むことは自殺行為になりかねないので、身の回りからできることを模索してみたい。悪夢を夢だと知覚した瞬間、こんなものに付き合っていられないと言わんばかりに、身をよじらせて脱出したら、窓を開けて、肺の空気を入れ換えたのち、どこか部屋の気になるところを掃除したり整理したりする。そのとき処理するモノがあれば尚よい。これだけで幾分か胸がすくような気がする。

レコードの処理はそれを必要とする他のリスナーに譲ることになるから、傍に置いておくよりよいかと常々考えているほうではあるが、それでもまだ棚からは品が見つかる。また、それを普段から繰り返していれば、仮に見つからなくても、いまの状態への一時の満足が整理と同じ効果を発揮する。それに、いつも部屋が渦状態なら、それに加担しないものや乱すモノらは、自ずと押し入れで出荷を待っているはずで、反対に、渦がないのならば、逆の手順を踏んでみてもいい。元の思惑とは異なり、必ず再発見があるはずで、自分のレコード棚ですら未知の領域が潜んでいることに気づければ、それもまたよいホームリスニングになる。

不要なものを捨てて、モノに執着せず身軽に生きることを断捨離とするならば、ぼくには実行不可能だ。現に依然壁一面にレコードがある。モノとの共存は永遠のテーマで、何が本当に必要で不必要か規定することは難しく、例えば思い出したくないようなことが宿っているモノなんてすぐに捨ててしまえばよいが、それがなんらかの形で自分に影響を与えていることは否めないし、処理してしまったレコードをあとになって聴きたくなったなんてことは誰しもあるはずだ。また、価値判断は絶えず変わり、例えば音楽におけるサブスクリプションの登場は、量で煽ってくるものにまともに対峙していたら質が落ちることは明らかなことから、モノの価値を感じさせる側面も提示した。自明の通りたいていの場合データよりレコードのほうが記憶に残りやすい。そもそも、部屋が整理されている状態というのはあり得なくて、というのも、一枚のレコードからでも興味は無限に散らばっていき、そんなものが沢山あるということはそれだけとっ散らかっているともいえる。得体の知れないものの中に身を置くことはまたひとつの快感でもある。いままで買ったレコードすべて手元に置いておきたいと思うことも時折ある。でも、ちょっと邪魔されるような気分に触れると、無秩序を守るために整理したい、というおかしな欲求にかられて、手放してしまう。

いまは、できるだけ雑食で、できるだけ聴いたことがなくて、直感で信頼できる音楽を欲しているのかもしれない。

パンデミック禍が不安となって少しづつ生活のなかに忍び寄ってくるにあたって、牧歌的なリスニングも適わなくなってくる。例えばコードが入ってくる音楽が聴けなくなったり、心地よかったはずのビートをうるさく感じたり。ロラン・ガルニエが、テクノを聴けなくなったことなんて象徴的だ。よくもわるくも、なにかしらの耳の変化を感じている人は多いに違いない。

ぼくは、十年来、リスニングのうえでも、演奏や創作のうえでも、長い時間が流れているルーツ的なものを探訪することは極めて重要なことだと捉えて、民族音楽のレコードを見つける度にディグしてきた。とくに、リズムにおいてのルーツとの付き合い方はこれもまた永遠のテーマで、触れれば触れるほどに、柔らかくしてくれるそれは、冷静さをも与えてくれる。それは、このコロナ禍でもよく響いてくれたのだが、少し顔色を変えた。これまでより、よりポップに響くのである。

大きな土台に支えられたルーツ的なものは、ある意味では保守的かもしれないが、ある意味では新たな荒野に旅立つための裾野が広がっているともいえる。いや、こちらが素晴らしく理に適ったアンサンブルやそこからくる説得力に見惚れるあまり、保守的に捉えてしまう部分があるだけかもしれない。なんでも規定したがることは外野のよくない癖で、例えば名前が同じリズムでも、村がひとつ違えば、その趣も違う。一枚の民族音楽のレコードの中にも多種多様の響きがある。いま、こんな当たり前のことが改めて飛び込んできて、ポップに響く。

そんなわけで、ジャイルス・ピーターソンのいう「ソンゼイラ」といった具合に、いろいろな音楽を聴きまくった人達が、そのカオスの均衡を保ったところを抽出したようなレコードを好んで聴いている。『Outro Tempo : Electronic And Contemporary Music From Brazil 1978-1992』は、直訳で「別の時間」というタイトルからしても、いまのリスニングの象徴的な存在になっている。Music From MemoryからリリースされたJOHN GÓMES監修の70〜90年代ブラジリアンコンテンポラリーミュージックのコンピレーションで、土地に根付くリズムやメロディーを色濃く残しながら、電子音やアヴァンギャルドさや実験精神と相俟って、ぼくたちを独特のサイケデリアへ運んでくれる楽曲が、これでもかと並んでいる。レコードにして二枚組。さらに、「II」もリリースされている。レーベルとJOHN GÓMESの熱量には驚くばかりだ。

孤独は、他者との会話を待つ間それを豊かにするために必要な時間だけれど、ややもするとありもしない自分勝手な意識を醸造しぼくたちを卑屈にさせることにもなり得る。そんなとき、雑食ながら考え抜かれ、長い時間も内包しながらもそこに捕らわれすぎない代わりにこだわり抜かれたサウンドを聴くことは、混乱したなかで冷静でいることに一役買ってくれるのではないだろうか。ぼくたちミュージシャンも、ライブがなくなるのか、なくならないのかという中途半端な状況の狭間におかれ、結局すべて中止となったときに、どうしてよいのかわからなくなった。でも、いざ白紙になると、いつかやってみたかったことなど思い返されて、ちょっと探ってみようという欲求が、新しくなくとも気分直撃のディグとなり、よいホームリスニングになり、意欲にも変わっていった。やりたいことからはじめるという、とてもシンプルなところに立ち返るに当たってはよい機会だったと捉えている。

ローレル・ヘイローは、「音楽やサウンドに呼吸をさせて、ゆがみや欠陥の余地を残して流していくんだ」と言った。その真意はまだ摑み損ねているが、その音楽は、こちらのゆがみや欠陥を鋭く突き放したところで包み込んでくれるというような独特の印象を与えてくれる。『Raw Silk Uncut Wood』は、この渦中ぼくの最も聴いた、静謐の中に突然自分のゆがみを弾き出してくれるような美しくて厳しい曲だ。

パンデミック禍で、リスニングにおいてなにかしらの変化があるのなら、折角だから凝り固まったこだわりを捨ててみるにはよい機会かもしれない。気分は、相変らず晴れはしないだろう。でも、秒針が刻むように、毎度取り巻くものが更新していくような気分、まるで憑きものが落ちたような気分、意志の主張がそのまま意志の断絶に繋がるような気分、そんな「例外的な時間（Outro Tempo）」を垣間見せてくれるサイケデリアの中に身を置くことができるホームリスニングを、いまこそ楽しみたい。そして、少しの余裕があれば、レコードを買って棚を更新し、レコードを処理して憑きものを落とし、針を落としてどこか行ったことのない場所に行った気になってみてもよいのではないだろうか。

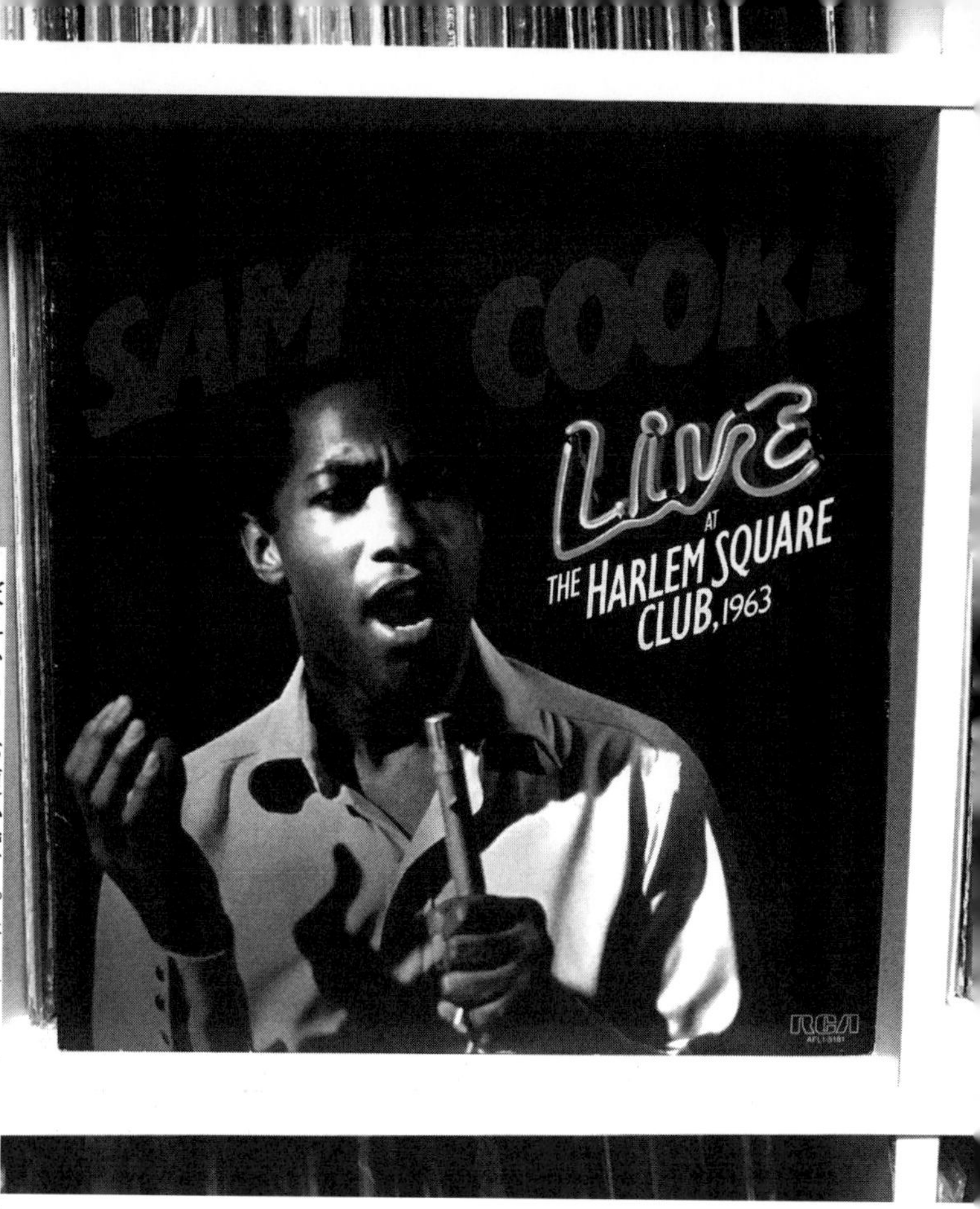

空腹に効く

大塚広子

（おおつか ひろこ）ジャズをメインにDJ歴20年。アナログレコードにこだわった60年代以降のブラック・ミュージックや和ジャズの音源発掘と同時にキャリアをスタート。国内外クラブシーンや大型フェスの出演のみならず、評論家や現代のミュージシャンとのコラボレーションを積極的に行い、メディアでの執筆や自身のレーベル Key of LIfe+でユニットのプロデュース等を展開。レーベル選曲監修、企業の音楽企画も手がける。二児の母。

家にいるとお腹が空く。新型コロナウィルス感染拡大の影響で、何を真っ先に感じたかというと、それは毎日の空腹感だった。何を食べたら満腹になるのかわからなくなり、何を食べても満腹にならない気がする。このコロナ禍で音楽を聴くことは、空腹感の対処に近く、実に闇雲にアルバムを選んでは聴いた。そんな中で図らずも私の処方箋となった音楽が、これらのアルバムだ。

今年の3月半ばを過ぎた頃だろうか。緊急事態宣言が出される前のこの時期は、まだ情報が不確かなために事態に対する人々の温度差があり、それによって生まれるフラストレーションが次第に積み重なっている時期だった。先行きの見えない不安感やモヤモヤ感を払拭したく、マックス・ローチの『Members Don't Git Weary』を勇んで聴いた。これほどの迷いなき精神力と正義の気迫を感じる録音は数えるほどしかないだろう。そのためこのレコードは生半可な気持ちで聴き流すことができない。ステレオの左右からそれぞれ訴えかけてくるチャールズ・トリバーとゲイリー・バーツのソロや、マックスの規格外のドラムを全身で浴びたい一心で、まずはホームリスニングの環境を整えることにした。

この『Members Don't Git Weary』が生まれた1968年以降、自己の表現を追求するジャズマンたちによる協同体が生まれ、ストラタ・イーストなどのインディペンデント・レーベルが形成されていくが、コロナウィルスによる社会的影響が本格的になると、そんな当時の動きを彷彿させるような、表現の場に飢えた自助グループの発言ポストが目立ちはじめた。表現方法の変換を余儀なくされ、試行錯誤せざるを得ない現状を肌で感じると、当時の音楽家たちの作品がこれまで以上にリアリティを帯びてくる。今まで集めてきた自主レーベルのレコードを引っ張り出してはどんどん聴いていく。中でも、ルドルフ・ジョンソンの『Spring Rain』が印象に残った。攻撃もせず、扇動しようともせず、ストイックな美意識で春の雨を演奏している。今年の春の記憶はすっぽり抜けているが、このアルバムを聴いた時の感覚は鮮明に残っている。終盤で聴こえるテナーの音色は恐ろしいほど触覚に訴えかけてきて、ゾクッとする。

生活の変化のおかげで、唐突に体に異変が起こるような音楽と、流れていく音楽との区別がつきやすくなったのだろうか。この触覚的とも言える感覚は、今まで特別に用意された音響システムの場所でこそあったが、あまり日常で感じられなかったことだった。もう少しそんな感触を求めて、『ウィ・ナウ・クリエイト』に針を落とす。この作品は、富樫雅彦が高木元輝、高柳昌行、吉沢元治と組んで音の空間性を追求した日本のフリージャズ初期の作品と言われている。ここで富樫は、ティンパニ、ドラ、木製の太鼓、ラテン打楽器を用いているが、リズムとしての要素も、あからさまなオリエンタリズムや日本の風情も取り入れていない。人が身体を使って叩いた時の打楽器の響き、その奥行きや間に焦点を当て、印象はあくまで聴き手に委ねている。そのためか、彼らの演奏は生活音と混じり合っても不思議と違和感がない。身構えて楽器の音に集中しようと思っていたけれど、とても優しい環境音楽のようにも聴こえて肩透かしを食らった。静かな日常生活と波長があっているのだろうか。それが日本特有と言われれば、そうかもしれない。日本のアンビエントの特徴もそれに等しく固有の時間軸が内包されている感覚が、この時期だからなのかよくわかる。広瀬豊『Soundscape 2: Nova + 4』などの80年代の作品や、空想の日本の風景をひたむきに追求するアルゼンチンのユニットなど、生活に合う音楽を物色する日がしばらく続いた。

連休が過ぎてもまだまだ、元の生活には戻る雰囲気はない。こんな時こそ長尺のレコードを引っ張り出す機会だと、ドン・チェリーの『Blue Lake』を選んで聴いた。南アフリカのベーシスト、ジョニー・ダイアニとトルコのドラマー、オカイ・テミズとともに１９７１年にパリで演奏されたライブ録音で、後に日本独自企画アルバムとして発売されたレコードだ。２枚組に入っている

大塚広子の10枚

Max Roach – Members, Don't Git Weary – Atlantic (1968)

Rudolph Johnson – Spring Rain – Black Jazz Records (1971)

富樫雅彦カルテット – We Now Create – Victor (1969)

広瀬豊 – Soundscape 2: Nova + 4 – Misawa Home (1986)

Don Cherry – Blue Lake – BYG Records (1974)

Terri Lyne Carrington + Social Science – Waiting Game – Motéma (2019)

Stevie Wonder – Songs In The Key Of Life – Tamla - (1976)

Marvin Gaye – Here, My Dear – Tamla (1978)

近藤正臣 – 植物誌 ひとりぼっちの部屋 – Canyon (1971)

Sam Cooke – Live At The Harlem Square Club 1963 – RCA Victor (1985)

曲は僅か3曲。両面使っても一曲が終わらない長尺演奏が収録されている。ここでの三人は、演奏のフォームを分解し即興的な対話をしながら、どこか遠い場所の風景を描き出すようにゆっくりと音を紡いでいく。「Dollar's and Okay's Tunes」では、ダラー・ブランドが作りあげた曲が冒頭で演奏され、南アフリカがゴージャスに表現されている。民謡のように素朴な、口ずさめるテーマが奏でられ、自宅にいる私の子供たちの体も揺れる。ライナーノーツでは、悠雅彦、岩波洋三両氏が共に〝PEACE & LOVE〟という言葉を出してチェリーの精神性を伝えており、その表現がとても印象に残った。ドン・チェリーの音楽はあらゆる人に向けて働きかけていく精神活動の所産であり、シリアスさも含んだ普遍的な重さを持つが、この長尺のライブ・レコーディングからは、心の壁を取ってくれるような大きな包容力を感じ、満たされた気分になった。またこのレコードは、ベース演奏の臨場感がはっきりと前に出た録音になっており、ダイアニの音色を堪能できる点においても美味しい作品だ。

自粛生活から約1ヶ月も過ぎると以前の生活がどんな様子だったかわからなくなる時があり、慌てて去年のリリース作品を探してみる。そして、テリ・リン・キャリントンの『Waiting Game』をベスト10に入れていたことを思い出した。この2枚組のアルバムは、マシュー・スティーヴンス、アーロン・パークス、カッサ・オーバーオールら6人で構成される〈ソーシャル・サイエンス〉を中心に、ミシェル・ンデゲオチェロ、エスペランサ・スポルディングなどのゲストが参加し、ヒップホップ、インディ・ロック、インプロヴィゼーション、さらに近年のジャズの大きな特徴となっているストリングス・アンサンブルなどの音楽要素を取り入れたスケールの大きな音楽性で、昨年11月の発売前から注目されていた。しかし今になって当面したのは、その

豊かな音楽性を用いた彼女のメッセージだった。まるで暗示のようなこのコンセプチュアルな大作は、常に変化する社会的、政治的な問題を題材にしたもので、まさにコロナ前と後の世界が地続きであることを痛感させられる内容だ。ほとんどの曲が、現代のアメリカ社会で起こった不当な具合的事件を題材にしており、彼女はこの知的で包括的な音楽を作ることで、ますます二極化していく世界で自己満足に陥らないようにと警告を発している。〝ウェイティング〟から、〝ゲームチェンジャー〟へ。今その転換期であることを私たちに強く突きつけたアルバムだ。

5月13日は、スティービー・ワンダーの誕生日。今年70歳を迎える巨星を祝おうと、クエストラブ、DJスピナ、ジャイルス・ピーターソンなどのDJコレクターが、スティービーのナンバーやカバー曲を、インスタグラム・ライブのオンライン上で24時間プレイし配信するという、異例の祭典が行われた。#24HoursOfStevie で世界が繋がる投稿を見ながら、スティービーのメロディーをただただ浴び、同時に不特定多数の人たちと音楽を共感する感覚を久しぶりに味わった。『Songs in the Key of Life』を機に、ソウルの名盤をいくつか聴いたが、その中でもマーヴィン・ゲイ『Here, My Dear』で感じる快楽度はかなりのものだった。この作品には、アルト・サックスをアクセントとしたアレンジが随所に散らばっており、ジャズの雰囲気を意識させる内容でもあるのだが、この作品以前にマーヴィンが確立していたムードとは何か嚙み合わないちぐはぐさが耳につき、それがむしろクセになる。また当時の制作事情で収録時間のバランス調整のために引き延ばされたとも噂される曲の長さが、むしろグルーヴを生みだして気持ちが良い。色々な柵を忘れ、無心になれる心地よさをこの時期以上に実感した時はなかった。

そしてもう一つ、ホームリスニングとしての密かな楽しみを得た作品が『植物誌　ひとりぼっちの部屋』だ。佐藤允彦（p）、石川晶（ds）、杉本喜代志（g）、寺川正興（eb）、村岡健（ss）、鈴木弘（tb）による演奏とともに、ツタ、オリーブ、キャベツ、サボテン、マンドラゴラ、バオバブにまつわる話が語られていく。演奏目当てに手に入れたレコードだったため、もう十年以上もその話の中身を知ることがなかった。苛立ちに満ちた口調で語られた私小説や怪しい夢物語など、その語りと音は想像力を掻き立てるもので、家の子供たちは大喜びしその脇で私は演奏に舌鼓を打つ。感情の起伏をサイケ、ブルース、ファンク、フリーインプロといった様々な音楽要素で表現したり、アフリカンな曲調で植物を例えたりと、題材に対するアウトプットが実にヒップなのだ。大人が子供に聞かせる昔話の意味で使われるおとぎ話。その〈おとぎ〉とは、元々大人に聞かせるもので、話相手となって退屈を慰めたり機嫌をとったりすることを意味する。思いがけず今の時代の〈おとぎ〉となってくれたアルバムだった。

新型コロナウィルス感染症のパンデミックは、過去にあった震災や内戦などそこにいない人にとっては一つのニュースで過ぎてしまったかもしれない出来事とは違い、世界に降りかかる共通の問題となった。この時期を経てこれまで当たり前のようにあった音楽に対しても、他人事にしない聴き方ができるようになったらいいな、と思う。サム・クックの『Live at the Herlem』には、会場に集まった人たちが熱心にそのライブに関わる様子がパッケージされている。曲中曲間問わず煽り立てるサムのトークや、キング・カーティスらの熱いバックアップ、そしてオーディエンスとの大合唱。そんなライブを聴きながら、音楽を全身全霊で感じに行く未来のいつかを今日も待つ。コロナ禍の空腹を乗り越えた後は、きっともっとリアルに音楽と向き会えると信じて。

徒然ならぬ世界と音楽と私の関係

Chee Shimizu

（ちーしみず）DJ、選曲家、プロデューサー、ライター、レコード・ショップ−レーベル運営など、音楽旅先案内人として多彩な仕事に従事し、ジャンルにとらわれない幅広いスタイルで国内外問わず活躍中。リミックス−リエディット・ワークも多数。著書に『obscure sound 桃源郷的音盤６４０選』、『OBSCURE SOUND REVISED EDITION』（共にリットー・ミュージック）。

最近、家の小さなベランダで細やかながら野菜を育てている。実際に育てているのは妻で、私はたまに水をやるくらいだが、毎朝コーヒーを飲みながら成長を観察することが日課のようになっている。

ひとつ困ったことがあった。ある朝パクチーの苗に目をやると、1ミリほどの小さな虫が葉や茎をびっしりと埋め尽くしていた。どうやらアブラムシの幼虫のようで、他の野菜には目もくれずパクチーだけに寄生したのだ。仕方なくすべて取り払ったが、結局、栄養を吸いとられたパクチーは枯れてしまった。

アブラムシは形成したコロニーの食料が枯渇すると翅のある虫が次の寄生先を探すために飛び立ち、植物の繊維束に口針を突き刺して味見をしながら、好みのものが見つかるまで移動を続けるらしいのだが、植物の汁を吸うときにウイルスが口針に付着し、そのまま次の植物へ感染させるそうだ。モザイク病という植物の病気である。

当のアブラムシは自分がウイルスを運んでいることなど知るはずがない。では、ウイルスが自分をアブラムシに運ばせようと企んだのか。わかるわけがない。これは私たちが直面している問題にとてもよく似ている。自然界にはこのような共生が無数に存在し、人間も例外ではない。ある研究者の話によると、人間の遺伝情報の45%がウイルスやウイルスのようなもので構成されているらしい。

どこからかやってきた未知のウイルスのおかげで、わずか数ヶ月のあいだに私たちの生活を取り巻く状況は一変した。私の身にもいろいろなことが起こった。正直なところ、わからないことだらけである。こういうときに思い知らされるのはいつも、社会の不条理ばかりである。この先にどんな結末が待っているのか、誰にもわからない。もしかしたら結末などないのかもしれない。

肝心なことは何もわからないまま、社会はふたたび動きはじめた。「スティ・ホーム」「ソーシャル・ディスタンス」「テレワーク」など、メディアを飛び交う聞き慣れない単語もすっかり世間に定着した。

この本のテーマである「家で愉しむ音楽」も、これまでとは少し違う意味合いを帯びている。コンサート会場やライブハウス、クラブやバーといった社会的な場で他人と共有する音楽、「外で楽しむ音楽」への不可抗力が少なからず対比にあるからだ。いずれはもとのように戻るのかもしれないが、社会的な場で心おきなく音楽を楽しめるようになるまでには、まだまだ時間がかかりそうだ。

では今、「家で愉しむ音楽」とは、どのようなものだろうか。家にいる時間が長くなったぶん、音楽を聴く機会が増えた人もいれば、音楽から距離を置いた人、置かざるを得なかった人もいるかもしれない。

私の場合は音楽を聴くことが仕事なので、聴くことをやめたときは仕事もやめることになるが、緊急事態宣言の発動で休業していた最中も、いつもと同じように店に行き、カーテンを下ろしたままの店内で音楽を聴いていた。たまに友人たちが訪ねてくると、今回の騒動について互いの意見を交わしながら、一緒に音楽を聴いた。

営業自粛で半プライベート・ルームと化したレコード屋という「私的空間」と「公的空間」がなんとなく同居した場所で、普段と変わらないリズムでこの時間を過ごしていたのは、活動が制限されたことで経済的な危機感を覚え、先行きに対する不安の念に苛まれても、平常な精神状態を保つためだったのかもしれない。いつもどおりに音楽を聴くことで、心身の平静を保っていたのだろう。

店で毎日、長い時間音楽を聴いていると、家に帰ってまで聴こうとは思わなくなってくる。基本的にアナログ・レコードで音楽を聴く人は、再生装置に何かしらの思い入れがあることが多い。私もそんな人間のひとりだが、家で使っていたメインのオーディオ・システムは店に持っていってしまったので、家ではタブレットやスマートフォンを使うことの方が多くなった。圧縮されたデジタル音源を聴いているということだ。

このことについて、とくに違和感は感じなくなった。近頃はインターネットであらゆる音楽を手軽に聴けるようになった。中古のアナログ・レコードを買っている人間にとって、オンラインの音楽鑑賞はあまり興味を抱けないものだったが、今はそうでもない。堂々巡りのような音質論争も馬鹿げていて興味がない。それぞれの短所はそれぞれの長所で補えば良い。音楽とのふれあい方は多様なほうが良いのだ。

再生装置がいらない「家で愉しむ音楽」もある。環境音の鑑賞である。これを音楽と言っていいのか微妙だが、私にとっては、これも音楽である。環境音を聴くこと自体はどこにいても可能なので「家」と「外」の区別なく楽しめるが、ベランダで植物を観察しながら周りから聞こえてくる環境音を鑑賞することも、「家で愉しむ音楽」のひとつである。これも、録音された音楽を聴くことと同じぐらい「愉しい」ものだ。横道にそれそうな話なので、これくらいでやめておく。

家で音楽と真剣に向き合うとなると、私の場合はやはりアナログ・レコードを再生するということになる。良い機会なのでスピーカーをひと組、店から持って帰ってきた。妻の母がどこかでもらってきてくれた、パイオニア製の年季の入ったスピーカーである。ひとりでは運べないぐらい重い。片方の音が出なくなってしまったのでしばらく使っていなかったが、オーディオの修理をやっている友人がたまたま遊びにきてくれたので直してもらい、ついでに家まで一緒に運んでもらった。このスピーカーをとおして家で音楽を聴くのは久しぶりである。

さて、「今聴きたい音楽」という本題だが、「こんな状況のなかで何を聴いているのか」と訊かれても、「好きな音楽を聴いている」としか答えようがない。今回の禍で仮に家族や友人、もしくは自分自身が重大な悲運に見舞われたとしたら違う答えを返すかもしれないが、幸い、今は好きな音楽を聴くことができている。

歳を重ねるごとに、これまではあまり重要視していなかった「歌詞」や「うた」にも耳を傾けるようになり、「染みる」感覚が以前よりも深いものになってきた。

Chee Shimizuの10枚

ちあきなおみヒット・ポップスをうたう – 愛は傷つきやすく – Nippon Colombia（1970）

ちあきなおみ、瓦礫の中から – 戦後の光と影 – Nippon Colombia（1975）

ちあきなおみ – そっとおやすみ – Nippon Colombia（1976）

ちあきなおみ – あまぐも – Nippon Colombia（1978）

ちあきなおみ – 港が見える丘 – Invitation（1985）

清水靖晃＆サキソフォネッツ – L'automne à pékin – Better Days（1983）

高橋悠治ソング・ブック – ぼくは12歳 – Denon（1978）

矢野顕子 – Brooch – MIDI Inc.（1986）

Hakobune – Ruminating On What Was Unsaid – Tobira（2020）

Cy Timmons – The World's Greatest Unknown – Bright Size（2020）

そんな「染みる音楽」を私に届けてくれるのが、ちあきなおみである。ここ数年、夢中で聴いている。すべてを聴き尽くしたわけではないが、それにしても琴線に触れるものが多い。昭和の国民的歌手にここまでハマるとは思ってもみなかった。「オブスキュア」などと言っていた自分が恥ずかしくなるほどである。誰にも強要するつもりはないが、夜に私の店を訪れると、ちあきなおみのうたが流れている可能性が高い。

清水靖晃の音楽は何年もかけてゆっくり、じっくり聴き込んでいる。時代によってその作風は大胆に異なるが、どこか一貫した風情を感じさせるところ、そして情緒あふれるサックスの演奏に魅了されている。『北京の秋』は再発CDの解説を担当したときにあらためて深く聴き込んだが、今はそのときとはまた違う響きを感じている。こちらも聴き込むほどに「染みる」音楽である。

靖晃さんご本人とは仕事を通じて知り合った。と言っても私のラブコールに靖晃さんが応えてくれたのが最初だが、それからも作品の再発や解説の執筆などでお付き合いが続いている。たまに一緒にお酒を飲んだりもする。靖晃さんの音楽を理解することで、これまで聴かなかった音楽への興味もますます広がっていった。

武満徹への関心を機に、高橋悠治の音楽もよく聴くようになった。12歳9ヶ月で投身自死した少年が残した詩に高橋悠治が音楽をつけた『僕は12歳』は、愛聴している矢野顕子の『Brooch』に収録されている曲の原曲がこの作品であることを知り、手に入れたものだ。

岡真史という少年の短い生涯を知ったうえで音楽を聴くと、胸を締めつけるような想いが込み上げるが、その純粋無垢な詩の世界は高橋悠治の音楽によって、生き生きと輝いている。

交友関係を通じて最近出会った音楽もある。東京から地元の兵庫へ戻ったアンビエント作家のHakobuneが残していってくれた自転車を受け取るために高円寺へ出かけた際、私の師匠的存在であるヨウゾウさんが営むEAD RECORDに久しぶりに立ち寄った。お互いの近況を報告しあったあと、何かレコードを買おうと思ったときに目に入ったのが、Hakobuneのあたらしいアルバムだ。

彼とはそれほど長い付き合いではないが、その音楽性とライヴ・パフォーマンスに惹かれ、私が主催したイベントでも演奏してもらったことがある。マスタリングはサウンド・アーティストとしても活動する友人のDaisuke Matsusakaが担当していた。才能あふれるアーティストが身近にいるのはとても喜ばしいことだ。せめてものお礼にと思い購入したが、買って良かった。外国の友人から「最近レーベルをはじめた日本人がいるから音源を聴いてみてほしい」と紹介され、送られてきた2枚のレコードがある。どちらもCy Timmonsというシンガーの作品で、ひとつは70年代に自主制作されたレコードの再発、もうひとつは80年代後半に近辺の親しい人たちだけに配られたアルバムをアナログ化したものだそうだ。

凝った装丁が施された段ボール製の封筒のなかに収められたレコードを取り出して針を落とすと、穏やかなアコースティック・ミュージックが清涼感のある歌声とともに聞こえてきた。素晴らしい音楽であることはすぐにわかった。

このレーベルをはじめた若者は、アメリカのアトランタに住むTimmonsのもとへわざわざ出向いて交流を深め、2年の歳月を費やして完成させたと話してくれた。友人を通じて、こうしてまた知らない音楽に巡り合うことができた。

「こんな状況のなか音楽を聴ける喜びを噛みしめている」と締めくくれば格好がつくだろうが、私はいつもどおり、音楽を聴いているだけである。

Dream of the Walled City

サウンドトラックの旅

Mars89

（まーずえいてぃないん）Mars89は現在東京を拠点に活動しているDJ/Composerである。２０１８年にBokeh Versionsからリリースされた12インチ〝End Of The Death〟は、主要メディアで高く評価され、あらゆるラジオで繰り返しプレイされた。翌年にはUNDERCOVER 2019A/WのShowの音楽を手がけ、同年末その音源とThom YorkeらによるRemixをコンパイルし、UNDERCOVER RECORDSより12インチでリリース。田名網敬一のドキュメンタリーフィルム、Louis Vuitton 2019A/W Mensの広告映像の楽曲などを担当。BristolのNoods Radioではレジデントをつとめている。

パンデミック下に生きるみなさん、いかがお過ごしですか？

いまこのタイミングで家で聴きたいアルバムということで少しづつリストアップしていたが、世の中の変化が激しく、このテキストが読まれる頃にリストアップした音楽がフィットするかどうかの確証が持てなかった。リストアップしはじめた5月半ばは、まだまだデスクとベッドルームが生活の中心だった。そこからいくつかの国で規制緩和の動きが出てきて、外の世界への希望が少し見えてくるようになっていった。その希望も束の間、ミネアポリス警察のヘイトクライムによってGeorge Floyd氏が殺される事件が起きて、Black Lives Matterムーヴメントは世界中へと伝播。奴隷商人の像は引き倒され、川や海へと沈められた。隔離と管理による冬のような静寂の季節が過ぎ、押さえつけられていたものが弾けるように、暑い抵抗の季節へと突入した。内と外、静と動が目まぐるしく入れ替わって、ほんの数日単位で自分のマインドはどんどん変化していった。5月半ばなんて、まるで遠い過去の記憶みたいだ。こんな状態の中で「いま家で聴きたいアルバム」を選んでも、読まれる頃に「いま家で聴きたいアルバム」かどうかなんて分からない。でも、これを書いた時に「いま家で聴きたいアルバム」だったんだなって事で勘弁してもらいたい。って当たり前か。「いま」は一瞬で過去になるんだから。

ところで、みんなは家で音楽を聴くときはどんな感じで聴いているんだろうか。スピーカー？　それともイヤホンやヘッドホン？　レコードに針を落としてる？　サブスクリプションのサービスでワンタッチ？　ソファに深く腰を下ろし

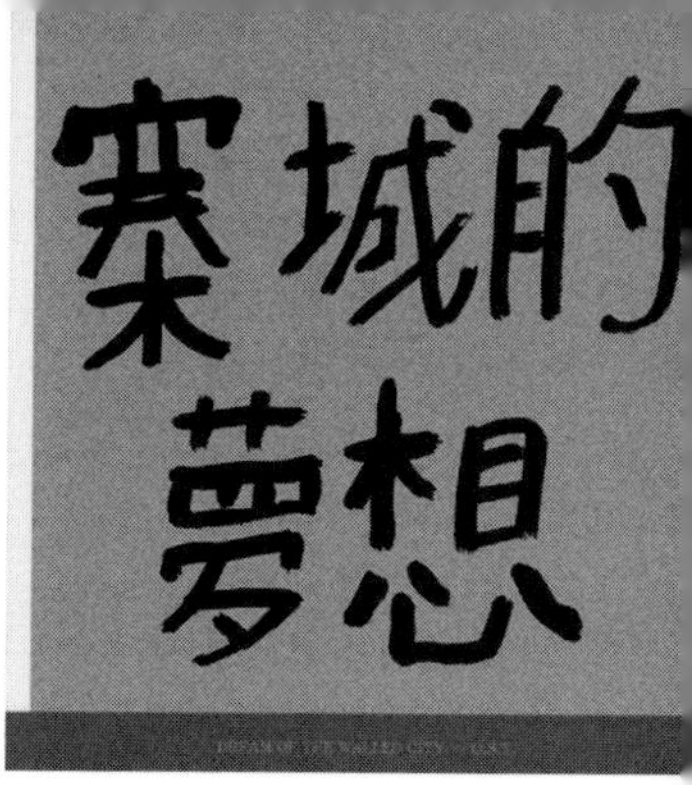

KWC 92 – Dream Of The Walled City – L.I.E.S.（2013）

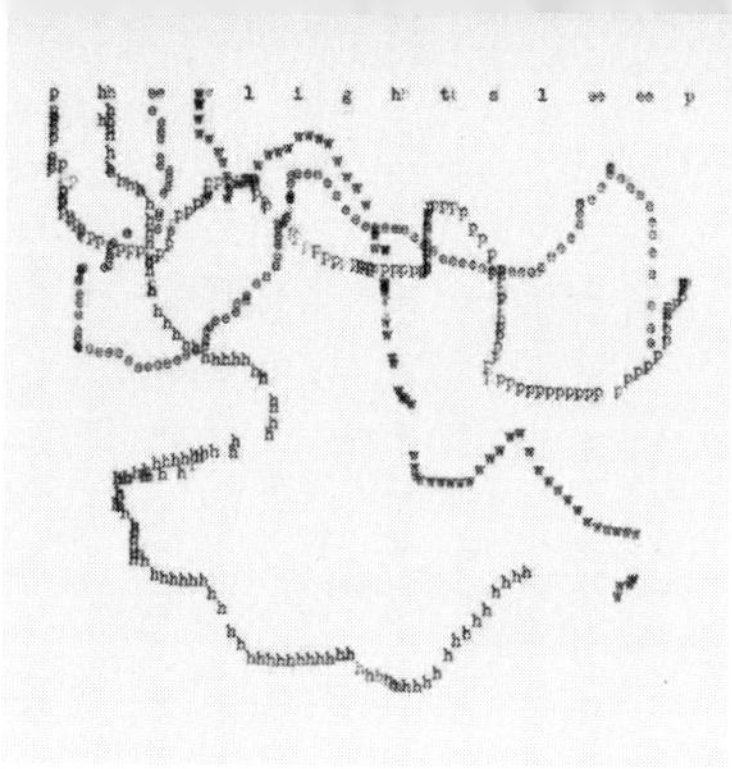

Phew – Light Sleep – Mesh-Key（2017）

て読書しながら？　それともキッチンで食材を炒めながら？　僕はいまＮＴＳをAir playでスピーカーに飛ばして、それを聴きながら原稿を書いている。

今はSpiritual Jazzの番組を聴いているんだけど、ランチを作るときはReggaeとDubだったし、昨日の仕事中はずっとJungleだった。これってどれもシチュエーション別のＢＧＭという感じの音楽の聴き方だよね。そこで今回は特定のシチュエーションのために選んだＢＧＭを再生することで、そのシチュエーションの状態を自分の中に再生し、追体験することにチャレンジしてみようと思う。

今回選んだアルバムは、僕が飛行機に乗る時や、旅先での移動時間のために作っていたプレイリストに入ってるものが中心になっている。そういえば飛行機の中って、映画を見るか本を読むか寝るかぐらいしかやることがなくて、この隔離生活と共通するものがあるような気がする。僕はパンデミック以降（それまでもだけど）、ここじゃないどこかへの憧れや希望、欲望のようなものを、うっすらと常に持っていた。飛行機に乗って旅に出るというシチュエーションのために選んだ曲を聴いて、それを追体験する事で、精神的にここじゃないどこかへ連れて行ってもらおうという作戦だ。家にいながら望郷の念と見知らぬ土地への期待を同時に味わえるなんてすごく良いと思わない？

望郷の念と見知らぬ土地への期待にふさわしい作品といえば、まずはKWC 92の『Dream of the Walled City』。KWCはKowloon Walled City（九龍城砦）の略で、92はそれが消えた年だ。今はない過去の場所でありながら、サイバーパンクに影響を与え続け、未来をも見せている場所。このアルバムはその場所を想ったサウンドトラックのような作品。Walled Cityはどんな夢を見るのだろうか？　僕らの住むこの街は？　僕はクラブという空間やそこに存在する一夜の熱狂を、都市が見

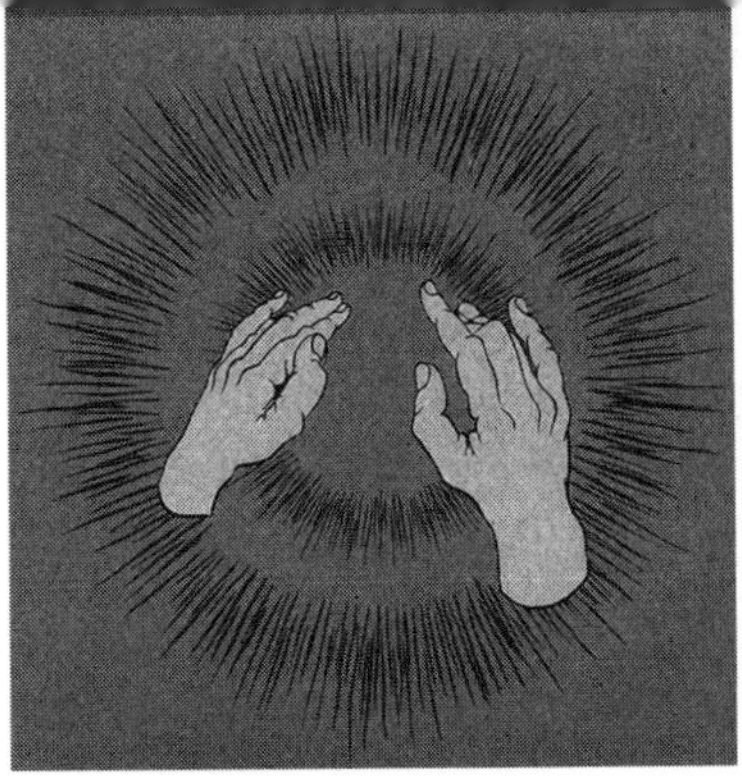

Godspeed You! Black Emperor – Lift Your Skinny Fists Like Antennas To Heaven – Kranky (2000)

Tim Hecker – Anoyo – Kranky (2019)

る夢のようだと感じることがある。朝が来て目を覚まそうとする都市の路上で、夢の続きが見たくて足掻いてみたり、吐瀉物を昼の顔が覆い尽くすまでのトランジションに寂しさを感じたりした。Walled Cityが見た夢の残り香のようなこのアルバムは孤独な旅によく合う。

　まずはこのアルバムから旅を始めよう。それでは荷物を背負って、歩き出すと同時に再生ボタンを。あなたは（私は）空港のカウンターでチェックインを済まし、煩わしい手荷物検査を経て、長く平坦な通路を通って搭乗ゲートへ急ぐ。CAたちのよく訓練された笑顔に機械的な笑顔で返しつつ、チケットで座席の場所を確認する。読みかけの本を取り出したバッグを頭上の棚に押し込んで着席。イヤホンから聞こえる心地よいリズムとともに機体は加速し、地面から離れて行く。『Dream of the Walled City』が終わりに近づき、機体は雲を抜けようとしている。そして次に流れてきたのは、Phewの『Light Sleep』。機体は雲を抜けて、白と青だけの世界が窓の外に広がる。小さな窓から見える外の世界は目が眩むほど眩しくて、ジリジリと体表を焼かれているような気さえするのに、エアコンの送風口から吹き付けられる風が冷たい事に違和感を感じる。白昼夢的な世界を思わせるPhewの『Light Sleep』の冷たく眩しいサウンドが、その違和感を肯定し、少し意識を遠くさせる。

　いつの間にか微睡んでいたようで、その心地よさに身を任せてうとうとしていると、イヤホンから流れてくるのがGodspeed You! Black Emperorの『Lift Your Skinny Fists Like Antennas to Heaven』だということに気がつく。このアルバムを聴いていると、窓から見える雲海が延々と続く荒野のように思えてくる。そういえば喉がカラカラだ。水をもらおう。アルバムが終わると同時に「快適な機内」で

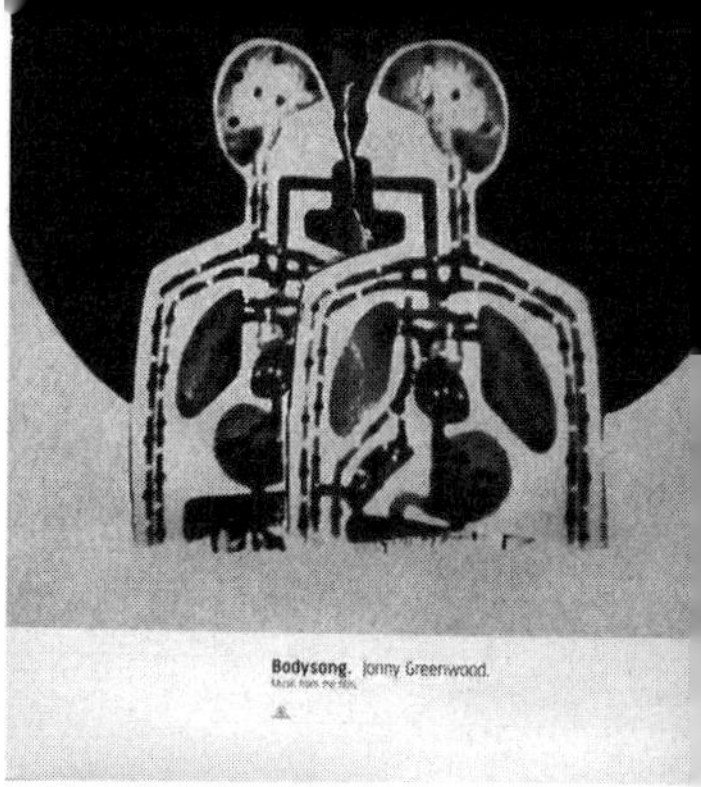

Jonny Greenwood – Bodysong – Parlophone（2003）

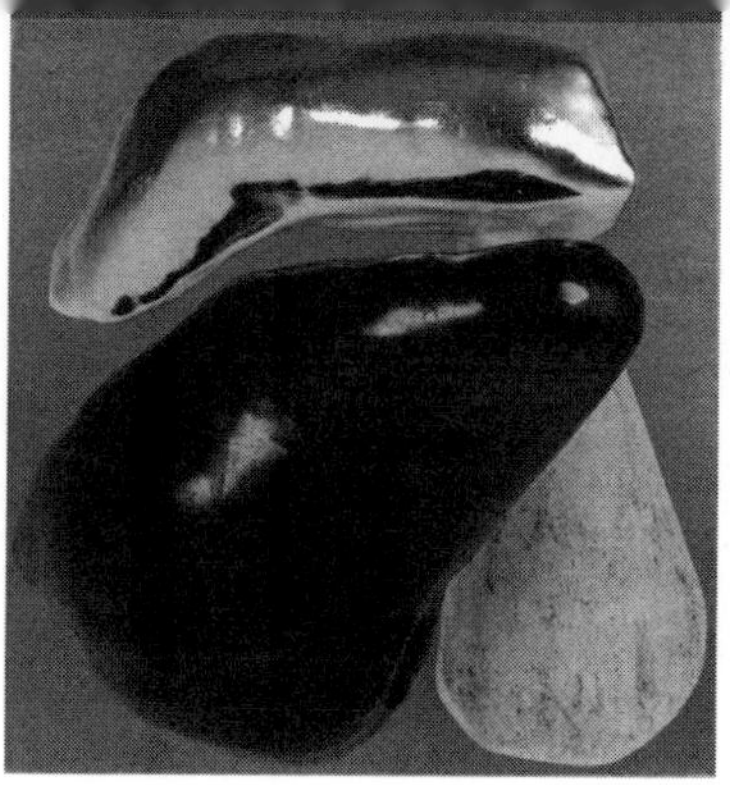

Helm – Chemical Flowers – Pan（2019）

わざわざ荒野を感じるという少々マゾヒスティックな楽しみも終わりにしよう。ブラインドを下ろし、荒野の旅で熱中症気味になった体をクールダウンさせるために次のアルバムを選ぶ。Tim Heckerの『Anoyo』かBoreal Massifの『We All Have An Impact』が良さそうだ。『We All Have An Impact』は手漕ぎの船でゆっくりと川を下っていくような心地よさがある。幻想的なサウンドの中にも、どこかストリートを感じるこのアルバムは、着陸に向けて降下し始める頃のためにとっておくのが良さそうだ。今はTim Heckerの『Anoyo』にしよう。日陰でこのひんやりとしたアルバムを聴くと本当に気持ちがいいんだ。読みかけの小説を取り出し、一行読み進んでいくごとにKonoyoからStep awayしてゆく。物語が進行し、加速してきたら、Jonny Greenwoodの『Bodysong』を再生する。このアルバムは僕が飛行機で聴くアルバムのクラシック中のクラシック。そして去年のリリース以降『Bodysong』と交互に聴いているのがHelmの『Chemical Flowers』。どこか遠い知らない土地の土の匂いがする作品だ。たぶんそろそろ機内食の時間だろう。食後にはコーヒーを頼んで、『Chemical Flowers』を聴きながら小説の続きを読もう。そして一眠りしよう。

乱れた気流に揺り起こされ、アナウンスの声で飛行機が降下姿勢に入ったことを知る。いつの間にか太陽は沈んだようだ。見知らぬ街の明かりを見下ろしながらBoreal Massifの『We All Have An Impact』を再生する。望郷の念と見知らぬ土地への期待が膨らんでくる。タイヤが滑走路に擦れ、空の旅は終わりを告げる。機体から出た時に密度の高い湿気を感じた。ここは少し雨が降っているようだ。およそ100BPMのダウンテンポに合わせて空港を抜けてゆく。ベルトコンベアの上を流れて行くバッグを眺める人たちを横目に出口へ向かう。コンクリートの床に

Boreal Massif – We All Have An Impact – Pessimist Productions (2019)

King Midas Sound – Edition 1 – Ninja Tune (2015)

プリントされた表示に導かれてバスの発着所へ。

　街の中心部へ向かうバスに乗り込み、動き出すと同時にKing Midas Soundの『Edition 1』を再生する。窓にぶつかって後ろに流れていく雨粒と、それに乱反射するオレンジがかったハイウェイの灯を眺める。窓に頭をつけると体温が奪われて心地よい。バスの乗客は皆疲れきった様子で、沈黙の中に身を埋めている。座席を通して背中から伝わるエンジンとタイヤの音がRoger Robinsonの声に重なる。しばらくはこの心地よさに身を委ねていられそうだ。ハイウェイを抜け、いくつかの右折と左折を繰り返してバスは街の中心部の大きな駅の脇にあるターミナルに到着する。まだ少し雨が降ってるから、フードを被って歩き始める。そしてイヤホンからはYoung Echoが。キックに合わせてスニーカーを道に押し付け、スネアやハットと同じ温度の石壁や鉄策を指でなぞる。ネズミに道を譲る。割れた瓶を蹴散らす。ケバブ屋のスパイシーで、なぜか懐かしい匂いにつられてケバブサンドを買ってしまった。食べながら歩きつつ、Airbnbアプリを立ち上げてオーナーにメッセージを送ると、しばらくして鍵が入ったボックスを開けるための暗証番号と「良い一日を」だけが書かれたメッセージが届いた。マップにしたがって歩いて行くうちに街の中心から外れていく。目的の建物は、想像より一回り小さかった。足音が響く金属製の階段を登って、メッセージに従って鍵を取り出し、ドアを開ける。不安になるぐらい軽いドアだ。こじんまりとした部屋にはシングルのベッドと小さめのデスクが一つ。あとは申し訳程度のキッチンに電気ケトルとマグカップ。ティーバッグが数種類置いてあって、メッセージカードが添えられている。そこにも「良い一日を」とだけ書かれていた。

　荷物を適当な椅子に置いて、靴や服を脱ぎ捨てる。部屋に備え付けのスピーカ

Young Echo – Young Echo – Young Echo (2018)

Portishead – Dummy – Go! Beat (1994)

ーを見つけ、大きめのボリュームでPortisheadの『Dummy』を流しながら、バスルームのドアを開けたままシャワーを浴びる。いつもより少しリバーブがウェットに感じる。首の後ろで熱いシャワーを受け止めると、汚れと一緒に疲れも落ちて行くような気がした。しばらくこうしてじっとしていよう。少しさっぱりとした体にバスタオルを羽織り、カーテンの隙間から漏れ入った街灯に照らされたベッドにゆっくりと倒れ込んで短いため息を一つ。『Dummy』の最後の曲がフェードアウトしてゆく……。

という文章を書きながら僕はデスクの前から一歩も動かずに遠いところまで行けた気がするんだけど、読んでるあなたはどう？　少しでも機能したことを願う。

閉ざされたモンスター・シティに沁みる音

長屋美保

（ながや みほ）静岡県浜松市出身。２００７年よりメキシコシティ在住のフリーライター兼アジア食堂の料理人。２０１９年に仲間とともに、メキシコシティのＤＩＹ非営利ラジオ局、RADIO GOHANを設立し、毎週日曜の日本時間23時放送の番組『メヒコどんぶり』にて、メキシコのニュースや音楽、ゲストを招いてのタコスの話題を日本語で発信。

radiogohan.com.mx

２０１９年、私が暮らすメキシコシティは第二のニューヨークのような、ヒップなカルチャー発信都市になると囁かれ、実際に多くの米国人が母国のトランプ政権や物価の上昇に嫌気がさして、ラテンアメリカの文化や経済の中心である同都市へと移住してきていた。その8割が不法滞在であるが、米国にいるメキシコ、ラティーノ系移民のように差別されたり、追い返されることはまずない。彼らにとってメキシコは米国より物価が安く、商売を始めたり家を購入するのもたやすい場所だ。彼らの多くが米国とメキシコでAirBnBを営みながら、ふたつの国を行き来する自由な生活を満喫していた。

そんな世の流れもあって、私たち夫婦が10年以上暮らし、小さなアジア食堂を経営するメキシコシティのダウンタウンの通りは、15年前にはメキシコで最も危ない通りであったが、都市開発と観光客の増加によって街で最も安全な通りに生まれ変わった。地価が高騰し、古いアパートをおしゃれに改修して、全室AirBnBにする物件も増えていった。その陰で、何十年もアパートに暮らしていた住人たちが立ち退かされたり、法外な家賃を大家に要求され、泣く泣くダウンタウンを後にしていった。私たちの食堂も営業5年目に入り、今より大きな店舗への移転を計画していたが、ダウンタウンで条件のいい物件を見つけるのは不可能に近かった。このまま家賃が上がっていけば、今住んでいるアパートから追い出されるのも時間の問題と不安を抱きながら、やり過ごしていたのだ。

そんな矢先、ついにメキシコにも新型コロナウイルスの波が到来した。3月の半ばになると、いつの間にか、たくさん居た米国人たちもほとんど帰国し、観光客は誰一人いなくなり、AirBnBの意味はなくなった。国内でも最も人通りが多かったダウンタウンは今や人影もなく、静まり返っている。メキシコ版ちまきのようなタマレス売りのリヤカーや廃品回収のトラックのアナウンスが響き渡っていた通りには、パトカーが巡回し、通りを歩く人たちにメガホンで「家へ戻れ」と注意を促す。

かつてメキシコシティの夜は平日でも賑やかで、何かしら面白いイヴェントが行われていた。コンサートも展覧会も、映画も、パーティも居酒屋でビールを飲んで談笑することもなくなった現在、メキシコ保健省が毎日夜7時に記者会見を行い、感染者数や対策、病院の状況を報告する中継を見守る日々だ。欧米に比べたら少ないものの、メキシコはラテンアメリカでブラジルに次ぐ二番めに感染者が多い。

他の国が真摯にウイルス対策している時に、メキシコではコロナウイルスのクンビアを作曲し、ウイルス型のピニャータ（張りぼてくす玉）を作って、みんなで叩き割ったりしていたからバチが当たったのだろうか？　世界じゅうがソーシャル・ディスタンシングを実施するなか、メキシコ大統領ロペス・オブラドールは「こんな時こそハグしよう」とか、「近所の定食屋に家族みんなで食べに行こう」とか、「俺にはお守り（四つ葉のクローバーと、聖人の絵札とか）があるから、ウイルスには感染しない」とか、記者会見でトンデモ発言しているのを可笑しく観ていたのだが、だんだん深刻な状況になり、笑えなくなった。もちろん、メキシコでは誰もハグやキスで挨拶しなくなった。

私の海外在住歴も13年となった現在、バーチャルで日本の家族や友人たちとコミュニケーションするのにも、すっかり慣れたので、ソーシャル・ディスタンシングについては、それほど苦痛ではなかった。しかし、人との触れ合いが大好きなメキシコの人々にとったら、とても辛いようで、不安やストレスが原因で病が重症化するケースも増えている。

衛生面でも変化が出た。かつて独り暮らししていた友人男性の東京の部屋に、母親がファブリーズを噴射しながら、掃除するためにやってきたという話を聞いて、日本の除菌に対するこだわりに驚いて笑ったことがあるが、今やメキシコも除菌、ウイルス駆除のために消毒液を噴射しまくるようになった。以前は、トイレ後に手を洗わない人もいるほど、かなりアバウトだったのに。ただ、メキシコに自粛警察がいないのは救いだが、こっちの警察は相変わらず腐っている。

家にこもっている間は、当然ネットを見る時間が増えた。FacebookやInstagramのストリーミングで、DJセットや、コンサートを観たり、ヨガや、ダンスのクラスを頑張って生活に取り入れようかとも思ったけど、だんだん息苦しくなってやめてしまった。Youtubeやspotifyのアルゴリズムで選ばれる、オススメのアーティストや曲情報も鬱陶しくなった。私たちの生活がマーケティング情報として売られて、仮想空間の中で生きていく状況が嫌だ。

じゃあ、このパンデミックでどんなことが良かったかというと、CDを家で聴くようになったことかもしれない。うちの食堂のBGMは常にCDだったが（Spotifyへの小さな抵抗である）、3ヶ月前から閉めているので、我が家にCDプレイヤーが戻ってきた。アルゴリズムをシステムに察されずに、音楽を愉しめることの痛快さったらない。

このごろ、ネットなんて今ほど関係なかった日々がとても懐かしい。閉じこもり生活以前は、日本のことなどほとんど懐かしがらなかった。30年前に田舎の静岡から上京して、一人暮らしを始め、憧れていた東京生活の中で、刺激のある音楽を求めて、彷徨っていた頃を思い出す。今回の、10枚のアルバムを選ぶ話をいただいて、改めて自分の選んだリストを見ると、まとまりはないが、私にとって、そんな日々を思い起こさせ、安堵を与えてくれる音楽ばかりだ。じゃがたらも大切な音楽だけど、こんな時期に聴くのは、メンバーの篠田昌已が参加したコンポステラの方がしっくりくる。テキサスサイケの伝説バンド、レッド・クレヨラのメイヨ・トンプソンのソロ

長屋美保の10枚

Compostela – Sign Of 1　1の知らせ – Puff Up（1990）

Caetano Veloso – Qualquer Coisa – Philips（1975）

DJ KRUSH – Stepping Stones The self-Remixed Best – Sony Music（2006）

Chabuca Granda – Tarinmba Negra – fonomusic（1977）

Nina Simone – The tomato collection – Tomato（2004）

Mayo Thompson – Corky's debt to his father -Texas Revolucion（1970）※再発 Drag City 1994

Carlton and Shoes – Love Me Forever – Studio One（1968）※CDはタワーで昔買ったけど、詳しいデータ全くないので、ブートなのかも？

Bonga – Angola 72 – Tinder records（1997）

The Frightnrs – Nothing more to say – Dapton（2016）

Fishmans – 宇宙 日本 世田谷 – Polydor（1997）

・アルバムは、ラテンアメリカの音楽に傾倒する前にサイケデリックやアシッド・フォークなど実験的な音楽にはまっていた頃に、親しみやすい音が気に入って、それ以来ずっと聞いている。今ではノイズとか実験的すぎるものは、あまり聴けなくなってしまった。そういう音はライヴで聴くのは好きだが、家で聴くのは疲れる。

アフロペルー音楽の至宝チャブーカ・グランダ、ブラジルのカエターノ・ヴェローソ、アンゴラの抵抗運動を代表するボンガは、かつて大手CD店の都内の支店で、ワールド・ミュージック・コーナーのバイヤーになって、いろんな音楽を聴き漁っていて知った名作。「ワールド・ミュージック」という呼び名はいまだに馴染めないが、当時、洋楽的に売れないジャンルとして、レゲエやブルース、ニューオリンズもワールド・ミュージックのコーナーに入り、それらを担当できたおかげでいろんな音楽に触れられた。今でもレゲエのルーツとなったロックステディが大好きだ。心地よい切なさと希望を感じさせるカールトン・アンド・シューズやフライトナーズは、爽やかな気分にさせてくれる。こう振り返ると、取り戻せない昔を懐かしんでいるみたいで、後ろ向きな気がしないでもないけど。一方で、サルサやクンビアなどのトロピカル音楽は、家で掃除するときにかけるので、じっくり聴きいる感じではない。たまにライター仕事で原稿を書くこともある、メキシコや、チカーノ（メキシコ系米国移民）、ラテン・オルタナティヴな音楽に関しては、大好きなアルバムもあるけど、あえて聴き込んでいない。

我が家には、リスニングルームやオーディオセットもなく、居間でCDを聴くのが常だ。しかも、その居間でネットラジオ局をやっているので、そこにある機材を通して音楽を聴いている。テレビが居間にあるので、テレビっ子の夫がいない隙に音楽を聴かねばならない。メキシコ人である夫は、ヒップホップとメキシコのブラスバンド演歌＝バンダが好きで、他のジャンルは聴かくもない。私が選んだ10枚のアルバムの中でも、彼が知っているのはDJ KRUSHやニーナ・シモンくらいで、音楽を共有することはほとんどないが、そんな彼がフィッシュマンズやチャブーカ・グランダを気に入ったりしたのは新鮮であった。

自粛生活も3ヶ月近く経ち、メキシコでも、ようやく経済再開の話が出てきた。とはいえ、新たな日常へ戻るのは不安だ。商売がうまくいく保証もないが、家賃や人件費も払い続けているので、うちの食堂も再オープンする。久々に食堂の掃除をスタッフとしていたら、いつも水をくれとか、卵を持ってきて、焼いてくれと頼んでくる近隣のホームレスの若者たちが近寄ってきた。パンデミック対策で、一斉に強制退去させられ、保護施設に収容されたものの、窮屈でまた路上に戻ったそうだ。その中の一人の女性に、「ここんとこ、喉が痛いんだよね」と言われて、接触した私たちも動揺する。これからは、こんな風に見えないウイルスに怯えながら日常を送るのだ、と絶望的にもなるが、その女性は「あたしにとったら、コロナの前も今も、たいして変わんないよ。世の中が残酷なのは何も変わらない」と言った。

食堂の前の通りでは、揃いのピンクのTシャツを着た女性たちが、解雇された事を訴えるため、50人くらいでデモをしている。「私たちを、生きさせろ」と、スローガンを掲げながらも談笑しながら行進し、真摯さはあまり感じられないのだが、私の今の気持ちを代弁してくれているかのように見えた。私たちは誰にも支配されず、緩やかに生きていきたいだけなんだよ。

くそウイルスのおかげで、私たちの町が第二のニューヨークになりそこなったのは逆によかったと、心から思う。

Boogie Down Productions - By All Means Necessary - Jive (1988)

記憶を辿りながら現在を見る

大前至

(おおまえ きわむ) 1971年生まれ横浜育ち。1996年より音楽ライターとしての活動をスタートし、ヒップホップ専門誌『blast』(旧『FRONT』)を中心に国内外のヒップホップに関する記事を執筆。2003年より約13年間、ロサンゼルスを拠点に音楽、ファッション、アートなど様々な分野の記事を手がけ、現在は東京にて活動中。

２０２０年に入って以降、短期間にこれほどまでに世の中が劇的に変化したことは、自分自身も含めて、多くの人にとって初めての経験となったに違いない。生活様式から物の考え方一つとっても、今までの常識とされていたものが通用しなくなり、一方でこれまで潜在的であった社会の歪みというものが、一気に露呈されるということも多数起きている。そして、自分にとっては、今までの人生そのものを作ってくれた「音楽」というものについて、改めて考えさせられる大事な機会にもなった。

日頃遊びに行っていたクラブやバーが営業自粛のために休業を余儀なくされ、大小さまざまなライヴイベントやフェスなども中止、あるいは延期を発表し、当たり前のように存在していた音楽を愉しむ場所というのがどんどんと無くなっていくという過酷な状況。自分自身がファンであったり、あるいは友人でもあるアーティストやＤＪ、さらに音楽業界、エンターテイメント業界に関わる、数えきれない人々の生活の糧が奪われるという事態にまで発展していくとは、年初の時点では全く想像すらしていなかった。当然、音楽ライターを生業とする自分自身にも、少なからず仕事の面での影響はあり、フリーランスという立場の危うさを今さらながら認識する機会にもなったわけだが、それすら今考えると実に些細なことであったかのように思う。

5月25日にミネアポリスにて起きた警察官によるジョージ・フロイド氏の暴行死をきっかけに世界中へと広がっていったムーヴメント『Black Lives Matter』（以下、ＢＬＭ）。長年にわたって鬱積していたアメリカ国内の人種差別問題が、このタイミングで大爆発したのは新型コロナウ

The Roots - Things Fall Apart - MCA (1999)

イルスも深く関係しているだろう。しかし、もしコロナの件が無かったとしても、いずれこうなるのは時間の問題であったに違いない。今回の件で気付かされたのは、アメリカの人種問題について、自分自身がちゃんと理解していなかったということであり、同時にこの無理解が間接的に差別に加担していたということだ。これまで30年以上、ヒップホップを聴き続けていて、ヒップホップというカルチャーを通して黒人の人種問題についても勝手に分かっていたつもりになっていた自分が、実は何も分かっていなかったというのは、かなりショックな出来事である。

記憶を辿ると、いわゆるブラック・ミュージックに最初に目覚めたのは中学生の時。当時、FMラジオでたまたまジェイムズ・ブラウンの〝Sex Machine〟を聴き、今まで体験したことのない腰で感じる音楽というのは本当に衝撃的であった。そこからすぐにファンクにハマるということはなかったけど、あの曲で初めて体験した70sファンクの持つグルーヴ感は、その後もずっと体にこびり付いていた。そして、高校生になってから聴いたLLクール・Jやパブリック・エナミーによって、ジェイムズ・ブラウンとヒップホップが自分の中で強くリンクし、一気にヒップホップの虜になってしまった。

ヒップホップというカルチャーが1970年代の荒廃したサウスブロンクスにて誕生し、人種問題というのがそのバックグラウンドにあるということはその当時から何となく知ってはいたものの、そういう背景も全て含めて、当時の自分にとってはヒップホップは本当に眩しくて、素晴らしく格好良く映っていた。当時、スパイク・リーが監督した映画『ドゥ・ザ・ライト・シング』を観た時にも、最も重要なテーマである人種差別の問題よりも、ブルックリンの街中でラディオ・ラヒームが馬鹿でかいラジカセを担ぎ、パブリック・エナミーの〝Fight The Power〟を爆音で鳴らしていることのほうが、当時の自分にとっては重要であった。ちなみに現在（2020年

6月現在）Netflixにて『ドゥ・ザ・ライト・シング』が配信されているので、未見の方はぜひ観て欲しいのだが、あの映画が公開された1989年と2020年の今との状況が全然変わっていないことに驚かされるだろうし、今観ても本当にいろんなことを考えさせられる作品だ。映画にはマーチン・ルーサー・キングとマルコムX、それぞれの対照的とも言える言葉が流れるのだが、当時の自分は何も理解出来ていなかっただろう。けど、今は彼らの言葉が心に突き刺さってくる。

80年代後半から90年代にかけて、パブリック・エナミーやブギー・ダウン・プロダクションズ（KRSワン）を筆頭に、いわゆる〝コンシャス・ラップ〟と呼ばれる社会的なメッセージを持つヒップホップが一つのジャンルとして認知されるようになり、その流れはモス・デフとタリブ・クウェリによるブラック・スターや、今現在もケンドリック・ラマーやチャンス・ザ・ラッパーなどへと引き継がれている。さらに、例えばギャングスタ・ラップからジャジー・ヒップホップなど様々なタイプのアーティストが社会的なテーマを扱っており、ヒップホップにとってコンシャスは普遍的なテーマとなった。そして、コンシャス・ラップが一番大きなテーマとしている社会的なメッセージはもちろん人種差別についてだ。ゴールデン・エイジ（黄金期）とも呼ばれる80年代後半から90年代にかけてのアメリカのヒップホップが持っていた強烈なパワーというのは、1992年に起きたLA暴動に代表されるような、50年代、60年代の公民権運動以降もずっと続いていた人種差別が一つの熱源にもなっていたというのは実に皮肉な話でもある。そして、そんな彼らのコンシャスな姿勢にさえ純粋に格好良さを感じ、20代の自分はヒップホップにどんどんとのめり込んでいく。30代に入ってから渡米してLAに住んだのも、アメリカのヒップホップへの憧れが最大の理由であった。

Nas - Nasir - Mass Appeal/Def Jam（2018）

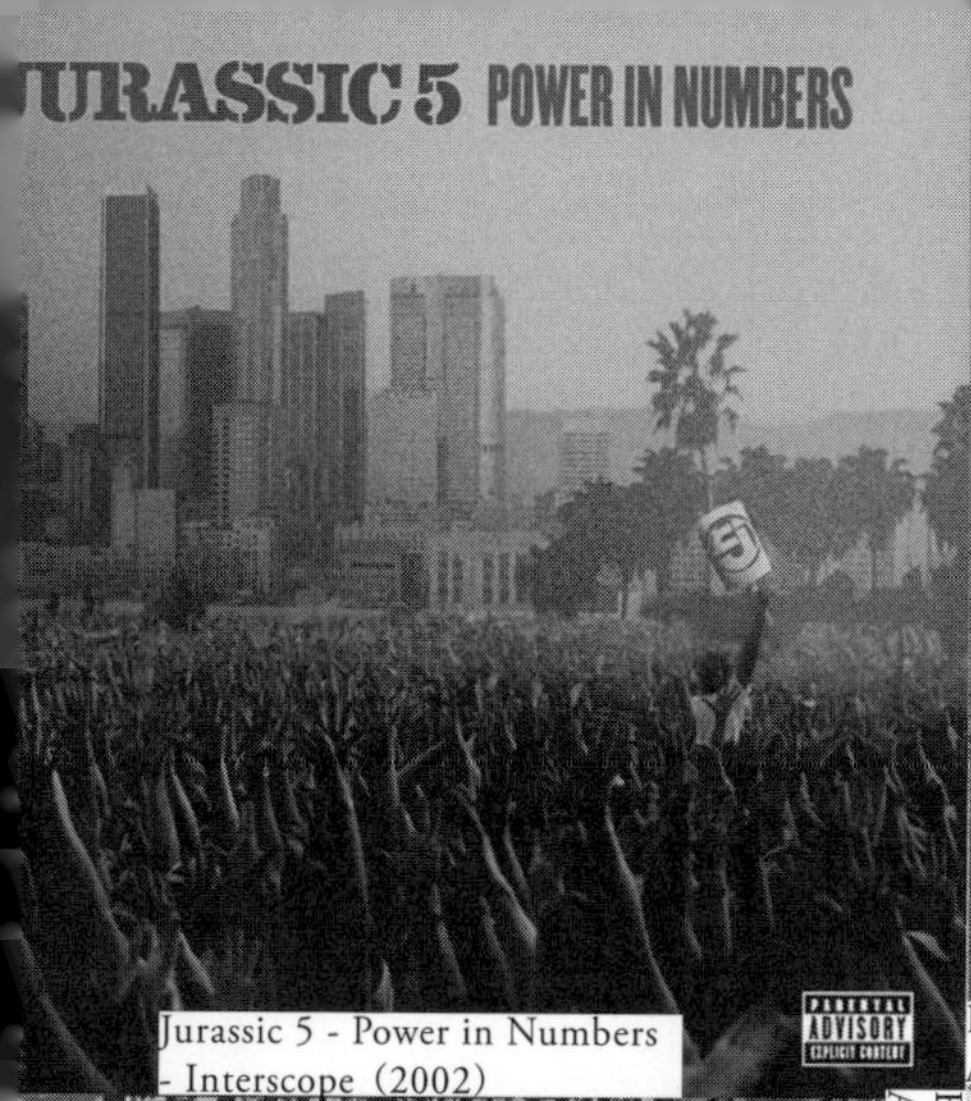

Jurassic 5 - Power in Numbers - Interscope (2002)

Black Star - Mos Def & Talib Kweli Are Black Star - Rawkus (1998)

Brand Nubian - One For All - Elektra (1990)

Common - Black America Again - Def Jam/ARTium (2016)

Public Enemy - It Takes A Nation Of Millions To Hold Us Back - Def Jam (1988)

Ice Cube - AmeriKKKa's Most Wanted - Priority (1990)

Kendrick Lamar - To Pimp A Butterfly - TDE/Aftermath/Interscope（2015）

ＬＡに住んでいた約13年の間、最も驚いたことの一つがバラク・オバマ氏の大統領就任だ。もちろん、オバマ氏が大統領就任中に行なってきたことには賛否両論の意見があり、さらにその反動でトランプが次の大統領になるという、まるで悪い冗談のような悲劇も起こったわけだけども、アメリカの歴史初となった黒人の大統領誕生はまるで夢のような出来事であったし、少なくともＬＡでは非常にポジティヴに受け止められていた。それは、もともとカリフォルニア自体が非常にリベラルな風土だからということも関係あるのだが、そもそもＬＡに住んでいる間、個人的には人種差別というものを感じたことはほとんど無かった。仕事やプライベートで会う人々は白人、黒人、ラティーノ、アジア人が入り混じっていて、よく通っていたイベントでも様々な人種が交流して、お互いをリスペクトし合う空気に満ち溢れていた。だからといって、人種差別が存在していなかったわけではない。おそらく単に見えてなかったか、見ようとしていなかったかだ。

これはＬＡだけに限らないが、一部で人種ごとに居住区が分けられており、ＬＡのダウンタウンからすぐ近くにも、黒人やメキシコ系が住むエリアというものがいくつか存在していた。アイス・キューブが出演した１９９１年公開の映画『ボーイズ・ン・ザ・フッド』ではサウス・セントラルを舞台としているが、その土地に馴染みのない人が近づくのはリスクのあるエリアは今でもサウス・セントラルに確実に存在している。また、仕事で一度だけコンプトンを訪れたことがあったが、部外者が気軽に立ち寄ってはいけない場所だということは、街の空気感ですぐに理解した。しかし、それが今でも人種差別と強く結び付いていることには気付くことは出来なかった。今回のＢＬＭを通じて知ったのが、〝制度的人種差別〟という言葉だ。アメリカの居住区の問題は制度的人種差別の根本的な原因でもあり、貧困層の多い居住区（結果的に黒人やメキシコ系が多いエリア）は財政的な問題で十分な教育を受けることが出来ず、就職の面でも不利になり人種間の格差を生み出すという、社会システムが生み出した人種差別を作り出している。もちろん、居住区だけが要因ではなく、意識的にせよ無意識にせよ様々なことが人種差別と結びついている。

ＢＬＭを通して個人的に最もハッと思わされたのが、人種差別に対して何も声を挙げないことが結局、人種差別に繋がるということだ。正直なところ、自分の中で差別意識というものが一切無いと言える自信はない。例えば音楽的な興味からヒップホップが好きになって、そこから黒人への憧れにも繋がり、そこには人種をステレオタイプに見ている部分があることは否定できない。「黒人の作るビートはやっぱり格好良い」とか「白人なのに黒人みたいなグルーヴがある」なんて言い方は昔は普通にしていたと思うが、今は間違いなくアウトだ。ネガティヴな視点だけでなく、一見、ポジティヴに思えるような視点であっても、そこには人種差別というものが存在している場合がある。けど、自分の中の潜在的な差別意識を常に省みながら、やはり声を挙げないといけない。それだけアメリカの人種差別の問題は根深いし、ヒップホップを愛するものとして、もう放置するわけにはいかない。

祖先がアフリカから強制的に連れてこられ、奴隷として働かされるという実に悲しい歴史を持ち、１９６４年の公民権法制定後も長く人種差別を受けてきた彼らが生み出したヒップホップというカルチャー。どう考えてもネガティヴに向かうとしか思えない感情から、素晴らしいアートフォームを作り出し、誕生から50年弱で今、世界中を席巻している。もちろん、ヒップホップ自体が最高に格好良いからこそ、ここまで広まったわけであるが、しかし、それは彼らの虐げられてきた歴史の蓄積から生み出されたものであることは決して忘れてはならない。

ロックダウン・ダイアリー

髙橋勇人

Raw Silk Uncut Wood

真夜中の濃いオレンジ色の部屋には、性別不詳の、長髪で、半裸、ジーンズ、片手をバックのポケットに半分突っ込み、真っ青な身体を前方に傾けながら、窓の外を真っ赤になった青い目で見つめている独りの人間がいる。その左奥の別室では、トルソーのように整った身体を持った顔のない人間たちが、絡みに絡みまくった乱交を繰り広げている最中だ。青い人間はジョイント片手に、そんなこと知ったことではない、という具合だ。窓に映ったその姿がこちらに向かって微笑み、星空が煙のように登る。

ローレル・ヘイローの2018年作『Raw Silk Uncut Wood』のジャケットに選ばれた、ウルグアイ出身の画家、ジル・ミュレーディの油絵『Prinse S』が切り取るのはそんな場面だ。そこにどんなメッセージがあるのかは知らないのだが、このアルバムを聴くときは、大体このジャケッ

（たかはし はやと）1990年生まれ。音楽ライター。静岡県浜松市出身。ロンドン在住。ロンドン大学ゴールドスミス校博士課程在籍。研究者としては文化理論やメディア研究、自然・科学の哲学を横断的に考察。『ele-king』や『現代思想』などに寄稿し、ハイパーダブなどのダンス・ミュージック／電子音楽レーベルの日本盤ライナーノーツを執筆している。

トを目の前に置くことが多い。

2020年の3月後半から、自分の人生に流れる時間の90パーセントはほぼ自分のみのものになった。その時期にはじまったCOVID-19に対応する政策として、僕が住むイギリスではいまもロックダウン（都市封鎖）の措置が取られている。その時点では自分が所属している大学も、パブもクラブもライヴハウスもカフェも美術館も映画館も、思いつく限りの公共の娯楽施設はすべて閉まっていた。

ひとりは学生、もうひとりは美術館で働いている同居人も、ロンドンから出ていってしまった。だから家で僕はひとりだ。外で人に会うこともほとんどない。孤独の強度はもちろん違うのだろうが、あの青い人間が、他人と交わる快楽ではなく、窓の外へとぶっ飛んでその先にある静けさを選ぶ気持ちは、こんな状況だからかすごくよくわかる。

おまけに、このとき僕は持病の群発性頭痛を発症していた。数年に一ヶ月ほど、一定の時刻に数時間ほど片目の奥に激痛が走るという、原因もよくわかっていない奇病で、飲酒喫煙やストレスがトリガーになるとされている。最近は研究が進み、なんとLSDが痛みの緩和につながるという結果も出ているのだが、基本的には、群発期間中は効果に個人差がある対症療法で乗り切るしかなく、僕は規則正しい生活ができない困難な状況に陥っていた。処方されたコデインとトリプタン薬の日々だ。痛みと倦怠感でビートがある音楽も自発的に聴けなくなってしまった。ヘイローの音楽はそれを肯定するように恐ろしく静かだった。

そんなわけで、静けさに対する感覚が研ぎ澄まされてしまった。僕は隣の建物と一体化した、イギリスではよくあるタイプの家屋に住んでいるので、多くの雑音が聞こえてくる。車のエンジン音、隣人が泣き叫ぶ音、一階のスーパーの空調が唸る音、ネズミが走る音。僕は屋根裏部屋に住んでいるので、鳩の爪が瓦を引っ掻く音すら聞こえる。ディヴィッド・トゥープが『音の海』で書いているほどポエティックではないけれど、それらの音が僕のロックダウン生活開始時期の

Laurel Halo - Raw Silk Uncut Wood - Latency Recordings（2018）

HAYATO TAKAHASHI

高橋勇人の10枚

Laurel Halo – Raw Silk Uncut Wood – Latency Recordings (2018)

Felicia Atkinson – The Flower And The Vessel – Shelter Press (2019)

V.A – Ocean of Sound – Virgin (1996)

Tim Hecker – Harmony In Ultraviolet – Kranky (2006)

Jon Hassel – Vernal Equinox – Lovely Music Ltd. (1978)

Dillinja – You Don't Know (The Remix) – Heavenly Bass – Logic Productions (1994)

Demdike Stare – Embedded Content – DDS (2020)

Vladislav Delay – Rakka – Cosmo Rhythmatic (2020)

Sons of Kemet – Your Queen Is A Reptile – Impulse! (2018)

The Alex Blake Quintet Featuring Pharoah Sanders – Now Is The Time (Live At The Knitting Factory) – Bubble Core Records (2000)

リアルだった。

　音は本当にいろんなことを気づかせてくれる。フェリシア・アトキンソンの『The Flower And The Vessel』はオブジェクトの形と配置を、静けさによって際立たせて表現したアルバムだが、それを理解するのには、理論を学ぶのではなく、大通りに面したこういう物件に住むのが一番なようだ。イギリスではいまだに霊柩車と併用して馬車を使う風習があり、今住んでいる近所には墓地もある。彼らの死因は僕に知る由はないが、4月上旬に1日千人ほどCOVID-19の死者を出していたピークと重なるように、1日に何度か馬車がうちの前を通り、蹄鉄がコンクリートを打ち付ける音が家のリビングにこだましていた。

　ちょうどそんなとき、友人からロンドンのレコード店、ワールド・オブ・エコーのギフトカードをもらった。なんとなんと百ポンド分である。ロックダウンで実店舗を閉めざるを得なかったこの店を支援したいから、とのことだった。レア盤を取り揃えていることでも有名なお店だったので、オンラインを物色し、たまたま入っていたグル・グルの『UFO』のオリジナル盤でもこの機に買ってみようかとも思ったが、それはやめて、なぜかティム・ヘッカーの初期作『Harmony In Ultraviolet』と、今年リプレスされたジョン・ハッセルの『Vernal Equiknox』などを選んだ。

　轟音ディストーション・サウンドを駆使する初期のヘッカー作品をいまプレイしてみると、先のヘイローやアトキンソンとはまったく違う景色が見える。空間は埋め尽くされ、自然音が入る隙間はない。ドローンのなかでマッシュルームを食べて過去の愛犬と別れの挨拶を交わしたり、外で別の愛犬が吠えるなかトランペットを吹いていたハッセルともかなり対極的に響いた。ヘッカーは、濃霧の中を歩いていくような、自然的な超越性へと人間が埋没していく状態を音で表現するのに長けた作家だが、いまの状況下で、安全な部屋をそのような音で塗り替えるのは精神的に大変なことだった。

　そうこうしていたら、その数週間前にディスコグスでスコットランドの売り手から譲ってもら

ったレコードが届いた。ロックダウン中は発送スタッフの健康状態への懸念から、郵便発送の本数も大きく減らされていて、いつもならイギリス国内は2日くらいで届く郵便物も、かなりの時間を要するようになっていた。何を買ったっけな、と開けてみると、ディリンジャの「You Don't Know (The Remix) - Heavenly Bass」が入っていた。タイムストレッチによって引き伸ばされたサンプル、歪んだハット、概念的にこだまするスネア、ドゥーンと唸るベース。ジャングルはひとりでいるうちに間延びしきってしまった時間を高速に回転させ、散らばった意識を現在に収束させる。その瞬間を感じるのにEもKも必要なかったし、何よりも踊ったら頭がスッキリした。

そもそもなんでこのレコードを手に入れたのかというと、ロックダウン前の二月にロンドンのカフェ・オトで見たデムダイク・ステアのDJセットでマイルズ・ウィテカーが、これをかけていたからだった。そこで思い切り踊ったことすら、ロックダウンのなかで忘れていた。そして、なんとこのタイミングで、デムダイク・ステアはその会場でのリハーサルを録音した『Embedded Content』をカセットでリリースした。ダウンビートから始まり、アンビエントへと溶け出し、最後の方にUKG風のリズムへと生成変化していく音像に、心を奪われた。ビートがある音楽も徐々に聴けるようになっていった。

5月の中頃には、政府のスローガンも「Stay Home」から「Stay Alert」へと代わり、それまで一回に制限されていた運動のための外出も、制限なくできるようになった。ある朝、5時くらいに目が覚めて、そのまま近所の公園に向かって、フィンランドのとある島に住むヴラディスラヴ・ディレイの『Rakka』をベンチに腰掛けて聴いていた。リリース当初の2月に聴いた時は深く聴き込まず、北極の自然にインスピレーションを得た作品くらいにしか思っていなかった。でもヘッドフォンで細部まで耳を通すと、ノイズと低音がかなり緻密で複雑なリズムを刻んでいる作品だということに気づいた。公園に朝日が登り始めた。自分以外には誰もいないと思っていたら、晴れの日は毎朝この公園に朝日を見にきているというおばあさんに出会った。自然との関係のうちにリズムを日常的に生み出している人間はロンドンの都市部にも存在していた。

外によく出るようになってから、現実でも大きな変化が待っていた。5月25日にミネアポリスで白人警官によって黒人男性が殺された事件をきっかけに、イギリスの社会でもブラック・ライヴス・マターの抗議集会がヒートアップしていった。先月末まで家から出られなかったのが嘘のように、多くの人々が抗議に参加していた。

この原稿を書いている時点で、僕も一度抗議に参加して、ロンドンの国会議事堂周辺のマーチに参加してきた。抗議に参加する自分を鼓舞するように聴いていたのが、シャバカ・ハッチングス率いるサンズ・オブ・ケメトの『Your Queen Is A Reptile』だ。黒人女性指導者を賛美するアルバムで、最後の楽曲名にはイギリスにおける制度的人種主義への抗議活動を続けるドーリーン・ローレンスの名前がある。社会と個人の連動という意味では、この時期、最もリアリティを感じた楽曲だった。アレックス・ブレイクとファラオ・サンダースの『Now Is The Time』も、瞬間的に団結する人民のエネルギーを吸収するために何度も聴いていた。

——実は冒頭の絵画はベーコンの絵のように連作になっていて、トルソー人間たちが何やら揉め事を起こしている間に、あの青い人間は、まったく同じ見た目の仲間を肩にかついで、暗い螺旋階段をそそくさと降りていく、というシーンが描かれている。青い人間が階段を降りる動きは、意外なそぶりというよりも、その「転」を予め予期していたような落ち着きを見せている（ようにみえる）。

4月の頭から、僕の生活も階段を転がり落ちていくように変化していった。ときに事物の音にしか感動しなくなったが、いまは再び社会にも感化されるようになった。6月、ロックダウンはまだ続いている。いまも僕は『Raw Silk Uncut Wood』を聴いているが、そこに蹲《うずくま》るだけではなく、この静けさが内包している転換に対して、じっくりと耳をすましている。

(134)

Power, Corruption & Lies

耳を塞ぐための音楽

高橋智子

（たかはし ともこ）１９７８年仙台市生まれ。Joy Division とNew Order が好きな音楽学者。那覇市の大学を中退して以来、東京都の東側在住。専門分野は音楽美学とアメリカ実験音楽で、主にジョン・ケージ周辺の音楽とミニマル音楽について研究や執筆を行なっている。

ひとり暮らし歴20年以上、家にいながらだいたいのことが済んでしまう気楽な身分なので、この数ヶ月間の自分の暮らし自体はあまり変わらない。決まった時間に起きて、コーヒーを淹れてニュースをチェックして、日中は音楽を聴きながらロボットのように仕事をして、夕方頃に2時間ほど歩き、夜は早く寝る。約3ヶ月以上このリズムが保たれている。我が家のテレビが数年前に映らなくなって以来、テレビを見る習慣がきれいさっぱりとなんの未練もなく消えてしまった。ネットで配信されるニュース番組を見る時以外、起きてから寝るまで何かしら音楽を流している。普段聴いている音楽は仕事のために聴かないといけない曲、その時どうしても聴きたい曲、SN

New Orderの『Power, Corruption & Lies』とライヴの日に着て行く予定だった服。
New Order – Power, Corruption & Lies – Factory（1983）

Sでたまたま目に入ってきた曲、友人がSpotifyなどでリンクを送ってくれる曲等、様々だ。このようにパンデミック以前から自分の生活はそれなりに自己完結していて、人と直接会えないことに大きなストレスを感じることもなく淡々と過ごしている。このなんのおもしろみもない一定の生活リズムは、自分がミニマル音楽を研究していることと少し関係があるのではないかと最近思い始めている。外の世界で何が起ころうと、私は決まったことを決まったペースで繰り返す。しかし、それは自分の好きなこと限定でありたい。

この単調だが、それなりに満足している日々での唯一の大きな出来事といえば、行くつもりだったライヴとフェスが延期になったことだ。生きていると本当にろくでもないことの連続でつらいけれど3月にNew Orderがまた日本にやってくる。それまでは世界に文句を言いながらもどうにか生きなくてはと思っていたところに、来日公演延期の報せが入ってきた。パンデミックが世界中で急速に拡大して行く様子から延期は免れないだろうと覚悟はしていたが、去年の8月にチケットを買い、大阪で泊まるホテルも予約し、3回のライヴに着て行く服とそれに合わせて履くDr. MartensのJoy Division、New Orderモデル3種類の組み合わせを全部考え、自分にとっての完璧なNew Orderの3日間に備えていたのでさすがに意気消沈した。しばらくの間は10代の頃からずっと聴き続けているNew Orderの『Power, Corruption & Lies（権力の美学）』を聴いていた。もう何回聴いたかわからない「Age of Consent」での素人感満載の素朴なキーボードを聴くと、ずっと家にいるのにもかかわらず、どこかから帰ってきたような気持ちにもなれる。後述するように、このところ全く違う系統の音楽ばかり聴いているが、どんな状況であれ私はこのアルバムだけはいつも聴きたいし、聴けるのだ。

2013年から参加している、モロッコ北部リフ山脈のアリ・シルフ族の村、ジャジューカで行われるジャジューカ・フェスティヴァルも今年は行われない。『Brian Jones Presents The Pipes of Pan at Joujouka』はこの音楽に惚れ込んだブライアン・ジョーンズ先輩（ジャジューカを私たちに教えてくれた先輩として敬意を込めてこのように呼んでいる）がジャジューカ村で録音し、『Music of Morocco: Recorded by Paul Bowles 1959』はタンジェを終の住処としたポール・ボウルズがモロッコ中を回って録音したアルバムだ。特に後者に関しては、CD化された際のマスタリングと背後で聴こえる雑踏のせいだろうか、どの音楽も聴き手との距離が不思議なくらいに近く感じられる。もしも世界が今まで通りなら今年もモロッコに行っていたはずだなと、その日の全てを終えた夜になるとモロッコで撮った写真を眺めながらモロッコの音楽を聴いて呆然としている。

New Order の来日公演とジャジューカに行けなくなったことは非常に残念だが、先ほど書いた通り生活自体はマイペースを貫いている。ただ、パンデミック関連の報道で用いられる言葉が非常に気に障るようになり、このことは自分が聴く音楽の嗜好に多少なりとも影響を与えているような気がする。「Stay Home」が連呼されるたびに「そんなこと言われる前から家にいるよ。まずは日本語で言え」と悪態をついた。矛盾極まりない言葉「自粛要請」が多くの人々の生活を窮地に追い詰めていることにも強い怒りを覚えた。かつて言葉がこれほど軽薄でぞんざいに扱われたことはあっただろうか。次から次へと妙な造語や責任逃れの言い回しが出てくるこの状況に対して今も毎日怒っている。しかし、自分の強い怒りや反発とは裏腹に人々はすんなりと「自粛要請」なるものを遵守していた。感染拡大を抑えるにはやむを得ないとはいえ、世の中の従順さに心底驚いた。本当にそれでよいのかと世界を敵に回してでも問い詰めたくもなった。目に入ってくるあらゆる言葉がとにかく気に食わない。そもそも自分はパンクの精神のなんたるかをよくわかっていないが、今こそ必要なのはパンクの精神に違いないと、クラッシュ、バズコックス、ザ・フォール、ラモーンズ、ニューヨーク・ドールズを大音量で鳴らしながら家事や仕事に勤しんでいた。それが3月から4月初め頃までの話である。

こうして毎日怒っているうちに、あることに気づいた。寝ている時間以外ずっと怒り続けていると気力も体力も消耗して、社会生活に支障が出るのではないかと。この閉じた生活の中でも締め切り等があり、それなりに暦に合わせて動かないといけない。少なくとも仕事中はこの怒りの気持ちを別の場所に置いておきたい。そのためにはニュースや情報を遮断する必要がある。そう考えたら、まずは言葉が邪魔になってきた。基本的に人間の多くの活動や思考は言語から逃れられない。その反動として、特に今は言葉や歌詞のない音楽を聴きたい気持ちが強い。物語、風景、感情、意味を持った音楽、あるいは聴き手に対してこれらを語りかけてくる音楽に以前ほど食指が動かない（だが、Joy DivisionとNew Orderは別である）。音楽は何も表現しなくてもよいし、何も語らなくてもよい。ただ音が鳴り続ける。そこには意味も表現もなくてかまわない。むしろそうあってほしいという願いが増してきたのだった。既に自分は物理的な「個」と「孤」の状態にあるが、これらをさらに突き詰めたい。今の自分の生活を円滑にしてくれるのはパンクの精神というよりも、共感や連帯とは無縁の、あらゆる情報や雑音から自分を隔絶してくれる音楽なのではないかとようやくわかってきたのだ。だが、ここで私が求めているのはアンビエント音楽のような聴き手に落ち着きをもたらす音楽とはちょっと違う。アルバム全体の、あるいは曲全体の個性が確立されているアクの強いものが聴きたい。しかし、現実の雑音を思い出したくないので、できるだけ抽象的な音楽が聴きたい。

Bang On A Canの『Music for Airports (Live)』はイーノの曲を生演奏で再現している。環境との調和を旨とするイーノのオリジナルと異なり、彼らの演奏は空間の中に溶け込んだりはしない。

Tomoko Takahashi

(139)

それぞれの楽器が持つ音色や響きが逆に聴き手の注意をひき、今ここで音が鳴っていることを強く感じさせてくれる。これをさらに先鋭化させた効果をもたらすのがフィル・ニブロックの『Touch Strings』だ。このアルバムのどの曲もメロディもリズムも持たない。ただただ長時間ドローンが鳴るだけだ。聴き始めは退屈に聴こえるかもしれないが、一切の情報を遮断してくれるという意味ではドローンが鳴っているだけのこのアルバムは仕事中の音楽としても有能で、「アンビエントよりも存在感があるけれど、決して何かを表現することのない抽象的な音楽」という私のわがままをほぼ完璧に叶えてくれる。『Unjust Malaise』に収録されているジュリアス・イーストマンの音楽は、音とその響き以外のあらゆる要素を全て撥ね返してしまうくらい強い存在感を放つ。なかでもピアノがひたすら和音を連打し続ける「Gay Guerrilla」をできるだけ大音量で聴いている時に、パンク以上のカタルシス効果を実感している。反復によるカタルシスはフィリップ・グラスとスティーヴ・ライヒの音楽にも感じられる。仕事の合間に目にしたくだらないニュースの記憶をさっさと消し去るために、一心不乱にパターンを繰り返す彼らの音楽に助けを求めることも多い。まさかミニマル音楽に心の拠りどころを求める日が来るとは、この音楽を聴き始めた時には想像もしなかった。

世の中がまた動き出そうとしている一方、私はこのまま人と会わなくても平気だし、1日の限られた時間でもよいので現実世界から完全に隔絶されたい。とにかくひとりになりたいという思いが日ごとに増している（でも、ライヴにはまた行きたい）。リストに入れたモートン・フェルドマンの長い楽曲による2枚のアルバムを大音量で聴いていると、この世界にはこの音楽と自分しかいないかのような感覚を味わえる。蒸し暑い東京に暮らしていようと、この音楽が鳴っている間は時間、場所、季節など、音以外のあらゆる存在や現象から隔絶された究極の孤独を感じることができるのだ。『String Quartet 2』は4時間52分。ということは誰とも何とも関係のない4時間52分の孤独が確約されている。彼の音楽の中では音が連続して何かのパターンを作るというより、ひとつひとつの音が現れては消えていく。その繰り返しが途方もなく何時間も続く。そこには物語も何もない。何かを想像する必要もないだろう。外の世界から耳を塞ぐために、今、私は音楽を聴いている。

Morton Feldman, Ives Ensemble
-String Quartet 2 – hat［now］ART -
(2007)

Music of Morocco: Recorded by
Paul Bowles 1959 – Dust to Digital
(2016)

Julius Eastman – Unjust Malaise –
New World（2005）

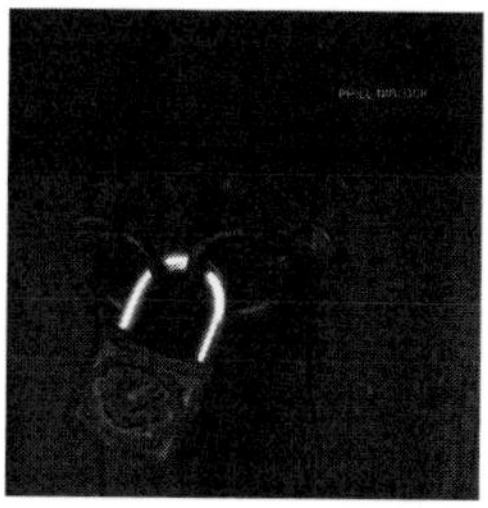

Phill Niblock – Touch
Strings – Touch（2009）

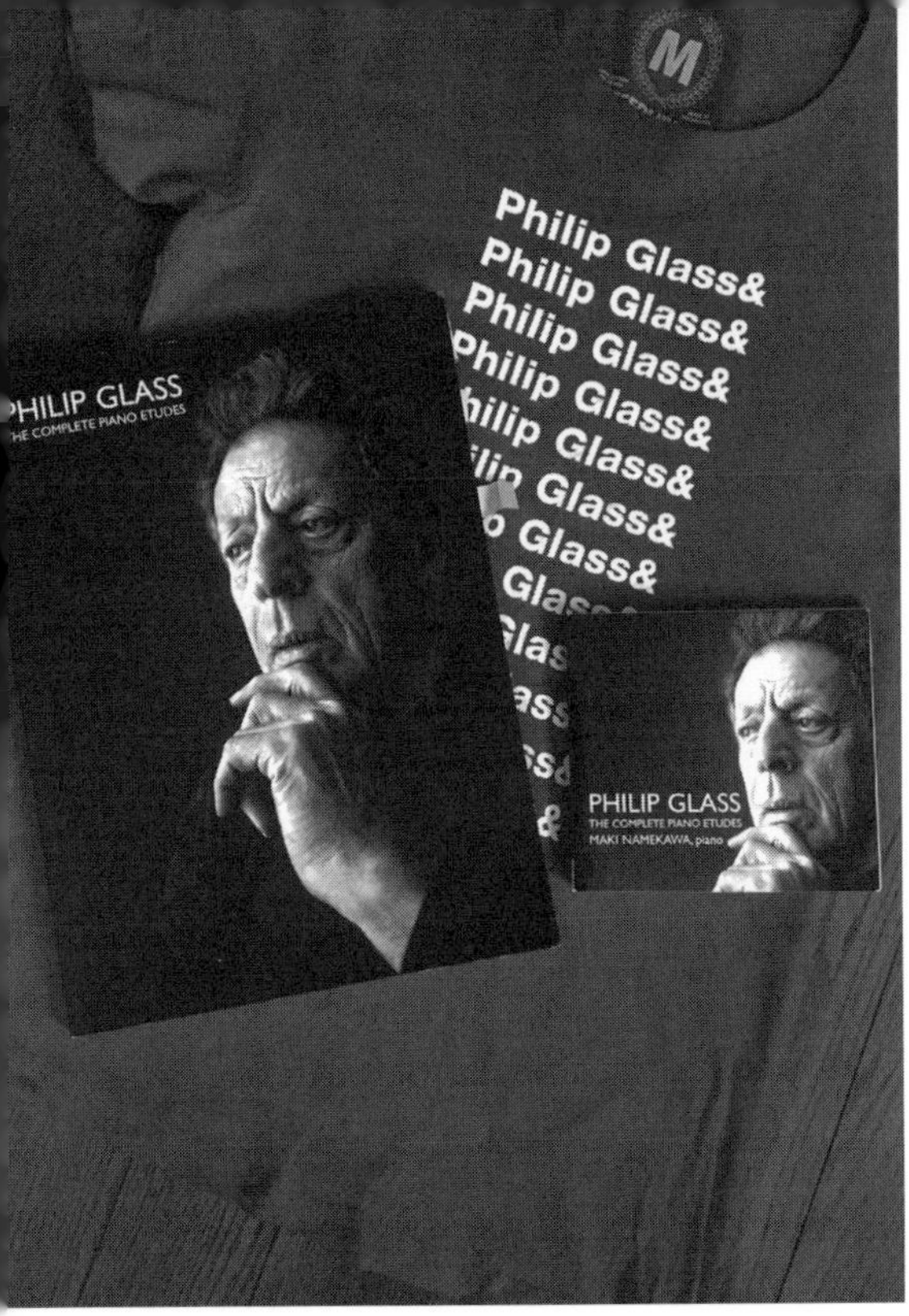

フィリップ・グラス『The Complete Piano Etudes』CD、この曲の楽譜、通販で買ったグラスTシャツ。
Philip Glass, Maki Namekawa – The Complete Piano Etudes – Orange Mountain Music (2014)

Morton Feldman: Why Patterns?, Crippled Symmetry – hat ART (1991)

Brian Eno, Bang On A Can – Music for Airports (Live) – Cantaloupe Music (2007)

The Master Musicians of Joujouka – Brian Jones Presents The Pipes of Pan at Joujouka – Rolling Stones Records (1971)

Steve Reich – Music for 18 Musicians – Nonesuch (1998)

Derrick May

デリック・メイ

新幹線に乗って食事をしていたのに、急に止められて、そこから椅子ごと投げ出されてしまったような気分だ。宙に浮いたまま、まだ弁当箱持っていて、上から自分が乗っていた新幹線がそのまま走り去っていくのを眺めているような。

どうしてデリック・メイへの取材を思い立ったのかと言えば、4月の外出自粛時のことである。日本のDJもたいへんだがデトロイトの人たちはどうだろうかと思い、連絡した。返事が来たのは5月に入ってからで、そこからなんだかんだと音信不通になったりで、結局取材できたのは同月の27日、日本時間の午後18時、現地時間では午前5時というタイミングである。

　デトロイトで毎年5月に開催される、3日間に渡っての野外フェスティヴァル〈ムーヴメント〉は、他国の多くのフェスと同じようにライヴストリーミングした。また、デリック・メイ個人は自身のレーベル〈トランスマット〉の番組を配信している。DJやライヴ、ホアン・アトキンスとのトークショーもあり、それを見る限りではいまできることに前向きに取り組んでいる。デトロイト・ハウスのDJ、マイク・ハカビーが新型コロナ感染症で死んだときも、シーンの代弁者は複数のメディアの取材を受けていた。デトロイトのリジェンドはコロナ渦でも忙しくしているのだろう

　以下、字面だけを追えばバカ話をしているように見えるが、そもそも午前5時は知的な話をするのに適しているのかどうかも疑わしいし、身近な人たちが亡くなったこともあって、そうそう上がれないだろうなとは思うけれど……結果、連れ同士の会話みたいになってしまいました。

デリック・メイ　マザーファッカーども、元気か？

――デトロイトは朝5時だけど、大丈夫？　取材は別の日にしてもいいんだけど。

デリック　俺は普段も7時くらいまで起きてるから問題ない。野田も元気そうだね。お子さんはどう？

――まだ登校がないんで、部屋で勉強してます。

デリック　何歳になった？

――15歳。デリックの娘さんと同じだよ。

デリック　15歳かよー、15歳はひどい。ソレン（娘）はファッキン・アスホールだ！　俺とは話さないし、聞いてくれないし、本当にひどいヤツだ！

　それはともかく、なんでお前ら俺と話したいんだ？

――コロナ渦で、アーティストが何を考え、音楽がどうなっていくのかという特集をしていて。

デリック　ふむ、興味深いトピックだな。

――まずはデトロイトの状況を教えて欲しい。マイク・ハカビーのことは残念だった。ケヴィン・サンダーソンは回復して良かったですけど、多くの人たちが亡くなっているとも聞いています。

デリック　ケヴィンは軽症だった、そんなに悪くはなかったんだよ。だから、どうして

インターネットでああいう風に発信したのかわからない、まあこの問題に注意を喚起したかったのだろう。マイク・ハカビーについては本当に残念だ。彼は心筋梗塞になって、そこから回復してきていたんだけれど、その後リハビリ中に通っていた施設で高齢者の間で感染が広まってしまい、それで彼も感染してしまった。本当に残念でならない……。

——デトロイト自体はどんな状況ですか？　〈ムーヴメント〉フェスティヴァルも配信やったり、デリックも自分で配信番組をやっていたよね。

デリック おお、俺たちの配信番組見てくれたのか？

——うん、全部見たよ！

デリック （日本語で）アリガトウゴザイマス！

——（笑）。デリックとホアン・アトキンスのトークも面白かった。亡くなったフローリアン・シュナイダーの思い出を語ったり、昔の面白いエピソードを話してくれたり。デトロイトの音楽のシーンにいる人たちはみんなで頑張ってるように見えますが。

デリック ヤキトリ！　いまは興味深い状況だ。たしかにこの状況のことをすごく心配している。自分のことも含めてね。みんなどうやって生き残っていくんだろうか。経済的には厳しいと思っている。デトロイトのアーティストはそんなに稼げていないからね。シーン全体と比較してという意味だけれど。サヴァイヴしていくにはシーン全体の努力が必要で、お互いを助け合うことが必要だと思う。ここまでは、そうやって頑張っていると言えると思うけど……。

　配信の番組でいろんなアーティストにパフォーマンスしてもらえたのは良かった。トランスマットのビルの3つの部屋を使って、3つのライヴセットを組んで（スキャン7とDrummer Bはライヴ、ホアンの娘＝ミリアン・アトキンスはDJ）、ホアンと自分はバルコニーにラジオ番組スタイルのセットを作った。とても特別なショーだったよ。

　デトロイトには才能豊かなアーティストがたくさんいるし、みんなポジティヴでい続けようとしているし、この状況下においてとても素晴らしいことだ。本当に驚くべき人たちが驚くべきことをしている。これまでにもたくさんの逆境を乗り越えてきたけれど、今回も乗り越えていけると信じている。

——ただ、誰にも答えがわからない。ワクチンがいつできるか、このウイルスの正体すらもまだわかっていないっすよ。

デリック 非常に興味深い、これからの12ヶ月になるだろう。なぜなら、例えばアメリカなど地域によって受ける影響は変わっていくだろうから。問題の一部、そして解決策の一部として、政治家が邪魔をしないということが重要だよな。でも、彼らはそうはしていないし、今後もそうしないだろう。科学者や医者が判断をすべきところも、彼らは勝手にやる。

——日本もまったく同じ。科学的な根拠なしにオリンピック延期が決まるし、科学的

アートやエンターテイメントにいる人たちは、キャリアを失ってしまう危険のなかにいると言っても過言ではないと思う。みんなソーシャル・メディアで何してるかとか投稿しているけれど、みんな忘れられないようにインスタグラムとかで発信をして、これが終わったときにどうなるかわからないから、みんな怖さを感じている。

な意味がなく東京アラートがあったり……。

デリック 政治家は、金儲けやビジネスを守ることしか考えていないし、危険な状況でも経済のために学校や仕事に行かせることしか考えていないんだよ。

——音楽は？

デリック ここから12ヶ月で完全に新しい再建された音楽シーンになるだろう。デリック・メイやジェフ・ミルズやロラン・ガルニエはもはや関係ないかもしれない。タカハシという子供かもしれないし、フランスのジャン・ルーという子供かもしれない。

それは全くわからないけど、見た目も感じ方も全く違うだろう。インターナショナルDJたちは他国に移動することができないから、だからベースメント（地下室）でDJしているような人たちに扉が開かれるという一面もあるだろうし、ローカルで活躍している無名のDJに脚光が当たるかもしれない。

人びとはまた踊りたくなるだろうし、外出して楽しもうとするだろう、でも俺たちの音楽じゃないかもしれない、移動できないし、政治家が進化の邪魔をしているし、みんなが同じタイミングでここから抜け出せるような統合的なプランも持っていない。

——コロナの犠牲者に黒人が多いと言うのは本当？

デリック 死んだ人の数では白人も多いんだけど、たしかに黒人の割合が多いときもあった。しかしそれをメディアが広めるのは怖いことでもある。なぜならそれがまた悲

しいストーリーになるから。黒人はコロナに感染しやすいってね。若者は大丈夫で、高齢者だけが重症化すると言われていたようにね。そんな感じでアメリカでは黒人だけがかかるみたいな話になった。これだけ世界中で多くの人が感染しているというのにね。ひとつやふたつのニュースを聞いただけで黒人だけにかかる病気みたいなイメージが作られてしまう。これはどれだけ世界がナイーヴで無知であるかを表しているよね。もちろん黒人の感染者が急増した時期があったことは事実だ。そして肥満や糖尿病などの問題を抱えた人が重傷化した、そういう病気を抱えた人たちにとってはまるで死の罠だった。

――トランプがやたら……

デリック オーマイガー！ トランプは本当にアホ。こんな子供じみた、何に対しても敬意を持たない奴がアメリカの大統領だとはね。言ってることは無茶苦茶で、パブリックな場でマスクもつけないし、自分のチームにもマスクをつけさせない。真実を語るメディアを攻撃するし、本当に狂ってる。どこの惑星から、このAss Hole（最悪な奴）が来たんだよ？

――ちなみにミシガン州の対応はどうですか？

デリック 連邦政府・市政府はたくさんの給付金を出している。でも多くの人がまだ受け取れていないんだ。あと食料の価格が急騰してしまっていてクレイジーな状況なんだ。チキンが一袋20ドル（2千円ちょい）もする。食料を作る人も感染してしまって、食料を作る人がいない。すべてが異常な状況だよ。

――そんな異常事態のなか、あらたな〝気づき〟はありましたか？

デリック あれ、俺のこと見えてる？（※ここまではZOOMでデリックのビデオだけオフになっている）

――いや、カメラオフになってるよ。

デリック ごめん、気づいてなかった。ほら、YO！ マザーファッカーズ（笑）！

うん、で、友だちについていろいろと気づくことがあったよ。本当の友だちかどうかみたいなことがね。それが最大の発見だったと思う。

音楽を作ろうとしても、この状況のなかでクリエイティヴになることはほぼ不可能だということにも気づいた。クリエイティヴィティを発揮したくても、気持ちがそうはならない。たくさんの死、たくさんの恐怖を感じ、多くの悲しみを感じて、ポジティヴでいようとしているけれど、まずはそれが自分にとっては一番大切なことなんだ。

そして、この日々を過ごしながら、いい友だちだと気づいた人もいるし、二度と話したくないと思った人たちもいるよ。そのなかのひとりはお前の前の彼女だよ、タカモリ（笑）。

DERRICK MAY

——とはいえ、もともとあなた方は何もないところから、この音楽をはじめたわけであって。だから精神的には強くいられるのではないかと思うのですが。

デリック ひとりでやったわけじゃないけどね。ここからはゼロじゃなくて、むしろマイナスからのスタートになるかもしれない。たくさんのクラブがなくなると思っている。一番心配しているのは、大きな変化が起きるということだ。最初に再開するクラブやフェスティヴァルは、きっととてもコマーシャルなものになるだろう。プロモーターはナーヴァスになるだろうし、自粛要請などが解除されたら、集客が保証されたようなことしかやらないだろう。そうなるとクリエイティヴな人たちを外してしまうだろう、彼らにチャンスが訪れることなくね。

アートやエンターテイメントにいる人たちは、キャリアを失ってしまう危険のなかにいると言っても過言ではないと思う。みんなソーシャル・メディアで何してるかとか投稿しているけれど、みんな忘れられないようにインスタグラムとかで発信をして、これが終わったときにどうなるかわからないから、みんな怖さを感じている。ライヴ配信をやっていたり、いまはそれがいいことのように思えてるかもしれないけど、これが終わったときにそれが良かったと言えるかどうかはわからないよ。

——オンラインから才能が出てくるかもしれないと言ってたけど……

デリック 興味深いことだ。インターネット・カルチャーは何もフィルターがかかっていない状態で、みんなが自分が好きなように、好きなことが言える世界で、それは素晴らしいと思うんだけど、逆に聞かなくてもいいし、注意を払わなくてもいい。だから、そこまで大きな影響が出てくるとも思わない。興味がなければ見なければいいわけだから。音楽やアートのシーンはよりローカル化すると思っている。例えばデトロイトのローカルなシーンが再生するかもしれない。日本でもローカルのＤＪたちがクラブでプレイする機会が増えるかもしれない。インターナショナルなＤＪたちがツアーできなくなるからね。でも、もしかしたら誰も外へ出かけなくなってしまって、仕事が終わったらまっすぐ家に帰るようになるかもしれない。学校だって変わるかもしれない。どうなるかはわからないよ。親たちが感染を恐れて子供を外に出さなくなるかもしれないわけだし。日本なんかはとくにそうかもしれないよね。世界でもっとも高齢化した社会を持っているわけだし……

——ケヴィンやホアンが子供にＤＪや制作を教えたりしてるけど——

デリック たしかにDantiez（※ケヴィンの息子）やミリアンなどの新しい世代が出てきているけれど、彼らはデトロイトを代表するような音楽を作れているだろうか？ 俺たちと同じようなメンタリティでやっているだろうか？（誰かの子供とかではなく）そこが重要だと思うんだ。まあ時間が経ってみなければ結果はわからない。あまり大げさな批判もできないと思うんだ。まずはチャンスを与えてみなければいけないと思うしね。

——デトロイトのコミュニティでポジティヴな変化があれば教えてください

デリック 先日の配信番組にも出ていたDrummer Bやスキャン7など、ポジティヴな未来を代表しているアーティストはいると思う。あの番組は楽しかった。視聴者ともインタラクティヴだったし、重要だった。ホアンと俺だけの番組にしなくて良かったと思っている。出演してもらったアーティストについても彼らを信じているから出てもらったんだ。ミリアン・アトキンスに関しては、正直出てもらわなくてもいいと思っていたんだけど、ホアンは彼女がプレイすることをとても強く望んだ。だから、彼女にもプレイしてもらうことにした。でも、結果としてうまくいったと思うよ。

——デトロイト・テクノの歴史についても話してましたが、先日『ガーディアン』で、ドイツとデトロイトの文化交流の記事があって、そこでもデトロイトの歴史が長めに描かれていましたね。

デリック 悪くはないけど、ちょっと事実と違うことも書かれていただろ？

——まあ、物語として整い過ぎているというか。

デリック 俺もそう思っているよ。少し変な感じがするし、歴史を書き換えようとしているんじゃないかとも思っている。

——クラフトワークはモータウンが好きで、デトロイトはみんなクラフトワークが好きみたいな。ドナ・サマーのことは書かれてないし、微妙なところで誰かが望んでいる話に整ってしまっているよね。

デリック まったくその通りだ。ちょっと前にも他のメディアで、テクノとクラフトワークの記事があったんだけど、デトロイトの写真も使っているのに関わらず俺たちのことを書かないのは興味深いと思ったよ。ま、アメリカのジャーナリストの記事だったんだけど。わりと有名なメディアの記事で、こういう音楽ライターが新しい世代に影響を与えるというのは怖いことだよ。

クラフトワークについてもまったくわか

ジョン・ハッセルを再発見した。ずっとファンだったけど、共作をたくさんしてるのも知らなかったし、先日リリースしたアルバムも素晴らしい。もうこればかりを1日中、低い音量でずっとかけているんだ。

っていない。クラフトワークがデトイロトに来たときに、俺は自分の家に来てもらった。いまから17〜18年前の話だけど、うちに来て、ラルフ・ヒュッターはこう言った。「デトロイト公演がソールドアウトになって良かった」、そして俺を見て「本当にありがとう、いつもクラフトワークの話をしてくれて」と彼は言ったんだ。それは本当に美しい瞬間だった。俺たちが彼らの人生の一部になれたと言うことだからね。彼らが俺たちの人生の一部だったと言うだけじゃなくてね。でも、真実はこれくらいの話だよ。例の音楽ライターの記事みたいに、デトロイトとクラフトワークの関係については、いまは都市伝説みたいなデタラメになっていると思うね。

　亡くなったフローリアン・シュナイダーもラルフ・ヒュッターも本当にいい人たちだ。とても紳士で、本当に会えて良かったな。2〜3回くらい会ったけど、毎回挨拶してくれてる。彼は年上だし、すごい偉業を成し遂げた人だけれどショーの後に俺と言葉を交わしてくれる。親切なジェスチャーだと思うし、俺も友だちだと思っているよ。

――いままでの生活はずっと外に出てツアーやギグをしていたと思うんだけど、デリックがこれだけ家にいることもなかったんじゃない？

デリック　36年ぶりに家にいるんだよ。36年だよ。最近は家でペンキを塗ったりしてるよ。でも説明させてもらうと、デトロイトでは外出できるんだ。感染拡大がはじまった頃からずっとね。デトロイトは広範に広がっている都市で、人口もあまり多くないから外出はできる。もちろんマスクは着けなくてはいけないけれどね。そして、もちろん人との間にスペースを取らなければいけない。そして、もちろん多くの人が感染してしまった。そういう人たちは特定の環境にいた人たちだった。俺も、母も、娘も、そういう環境にはいなかったけど……

　だから、まあ家でペンキを塗ったりして過ごしたりしていて、あと、カールと一緒に彼のスタジオで（自分が作った）古い曲を聴いたりしながら、何かしようかと話していたりもしたけど。でもモチベーションが問題なんだ。自分だけじゃなくて多くのアーティストが感じていると思うんだけど。この状況は望んでこうなったわけじゃなくて、まるで新幹線に乗って食事をしていたのに、急に止められて、そこから椅子ごと投げ出されてしまったような気分だ。宙に浮いたまま、まだ弁当箱持っていて、上から自分が乗っていた新幹線がそのまま走り去っていくのを眺めているような。自分は浮いたまま、空中にスタックしてしまったような感じだよ。地上に降りることができれば、どうするかを考えることができるけれど。でも、それまではものすごいスピードで動いていたから、創造性をこの状況で発揮するのがとても難しい状況になった。とても興味深い状況だとは思うけれどね。

俺はグレイトな気分のときやモチベーションを感じたときに音楽を作っていたから、いまのように人が死んでいく状況、人が病に冒されていく状況ではなかなかモチベーションを感じないんだ。マスクを着けていて、自分が着けていないと変な目で見られるような状況でポジティヴなものを感じるのは難しい。彼はネガティヴなダーク・エネルギーから音楽を作ったことがないからね。ヘイ、野田！　ファックユー（笑）！

――家で音楽は聴いてる?

デリック　めちゃくちゃ聴いているよ。つねにノンストップだ。ジャズ、アトモスフェリックな音楽、寝るための音楽。ずっと音楽をかけている。

――何か好きになった音楽はある?

デリック　興味深い質問だ。俺はジョン・ハッセルを再発見したよ。ずっとファンだったけど、共作をたくさんしてるのも知らなかったし、先日リリースしたアルバム『Vernal Equinox』も素晴らしいよな。もうジョン・ハッセルばかりを1日中、低い音量でずっとかけているんだ。

――トランスマットのリリースなり、予定があれば教えて欲しいんだけど。

デリック　大きな問題がある。音楽が流通されている形態に不満を持っているから。ディストリビューターも自分たちが気に入ってる店や人たちにしか売らなくなってしまっている。だから、そこから離れようと思っているんだよ。俺たちは音楽を作っているからね。もちろんこれからもリリースしていくつもりだよ。

――遅くまで付き合ってくれてありがとう。

デリック　ファックユー！　ファックユー！　ファックユー！

――本当に今日はありがとう（笑）！

デリック　アリガトウゴザイマス！　寝るわ！

（取材＝野田努＋通訳＝門井隆盛
協力＝弘石雅和／2020年5月27日）

デリック・メイの1枚

Jon Hassell – Vernal Equinox – Ndeya
(2020)
※オリジナルは1978年。現代音楽系の電子音楽を出していたNYの〈Lovely Music〉からのリリース。

五木田智央

もっと変わりたいというか、自然に変わるんだと思う

Changing to NEW COLORS

本邦を代表するアーティストの風格がすっかり板についたのは、海外からのひきもきらないラヴコールと高評と無縁ではない。五木田智央の空想的かつ格闘的でありながらときに肉感的でつねにユーモラスな作風は観るものを惹きつけてやまないが、その土台には空間と明暗と色彩のきわめて独創的な感覚が寄与しているのもたしかであろう。なかでも白黒で構成したモノクロームの画風は作家の代名詞でもあった。なのに五木田智央はこの春それをやめた、やめて色の世界に踏み出した。そうなったのにコロナ禍は直接の関係はないが、その後のさらなる変化のきっかけになるかもしれない。またそのさい、音楽は五木田智央にとってどのような意味をもっていたのか。五木田智央にとっての2020年を訊く。

――展覧会の中止など、アートの領域でもパンデミックの影響は少なくないですよね。

五木田 おれもイタリアの個展がようやくはじまったんですよ。3月に予定していたんだけど、イタリアはコロナがすごかったじゃない。会場はイタリアのミラノで、おれも行く予定だったのにムリだった。それがやっとときのうかおととい（取材は2020年5月27日）に再開しました。タカ・イシイ

ギャラリーで5月に開催する予定だった個展も8月に延期になったのね。その準備をしなきゃなんないんだけど、そっちはまだ描く気分になれない。やろうとはしていたんだけど、気分的にダメだった。おちこんだというか、なんか描けねえや、という気分になった。

―― コロナ騒ぎが大きくなってきたのは3月でした。タカ・イシイの個展は当初5月の予定でしたが、どの段階で延期を決めたんですか。

五木田 画廊主のイシイさんに「やるんですか」と、たしか3月のなかばに訊いたら、「やる」というんだよ。それを聞いて「えっ、やるの」と思ったんだけど、やるという心意気は買いたいから、やりましょうとなってキャンバスは準備したの。じゃあはじめるかと思ったらコロナがどんどんひどくなってきて、マズいんじゃないか、これは延期か中止にしたほうがいいんじゃないですかとイシイさんに連絡したんですよ。たしか4月入ってすぐですね。

―― 緊急事態宣言がまさに出かかったころですよね。

五木田 おれもすすんでいなかったし、比較的つよく「延期にしましょう」っていったのね。それでイシイさんも「そうだね、いまはムリだから延期にしよう」となった。それが8月に決まったからもうやらなきゃいけないんだけど、ぜんぜんすすまないんだよ。

―― いろいろと直撃を受けていますね。

五木田 モロですよ（笑）。大打撃です。

―― 絵を描きたくなくなったと思ったことはこれまでにもあったんですか。

五木田 こんなにそういう気分になったのはないね、はじめてかも。でもおれ放っておくとずっとレコード聴いちゃうダメダメ人間だからさ。大竹伸朗さんみたいに、宿酔でもおれはやるんだというタイプじゃないからね。飲んで帰ってきてベロベロでもスクラップブックを開くとか、おれはそんなのムリだから。でもこんなに絵を描かなかったのははじめてかもしれない。ほんとうに4月はひきこもった。仕事場にも行かず、ビールを買いに外に出る以外は自宅にこもったままだった。

―― 五木田さんはご自宅のほかに仕事するアトリエがあって、私は何度もお邪魔しましたが、そこならひとに会うわけでもないから行ったっていいはずですけどね。

五木田 不安だったのかもね、どうなっちゃうんだろうこれからって。

―― 9年前の東日本大震災のときはどうでした。

五木田 あのころは不思議と平気だった。なぜかわからないけど、大丈夫でしょ、と前向きだった。

―― 生活面を考えても、当時とはおかれている状況がちがうのかもしれないですね。

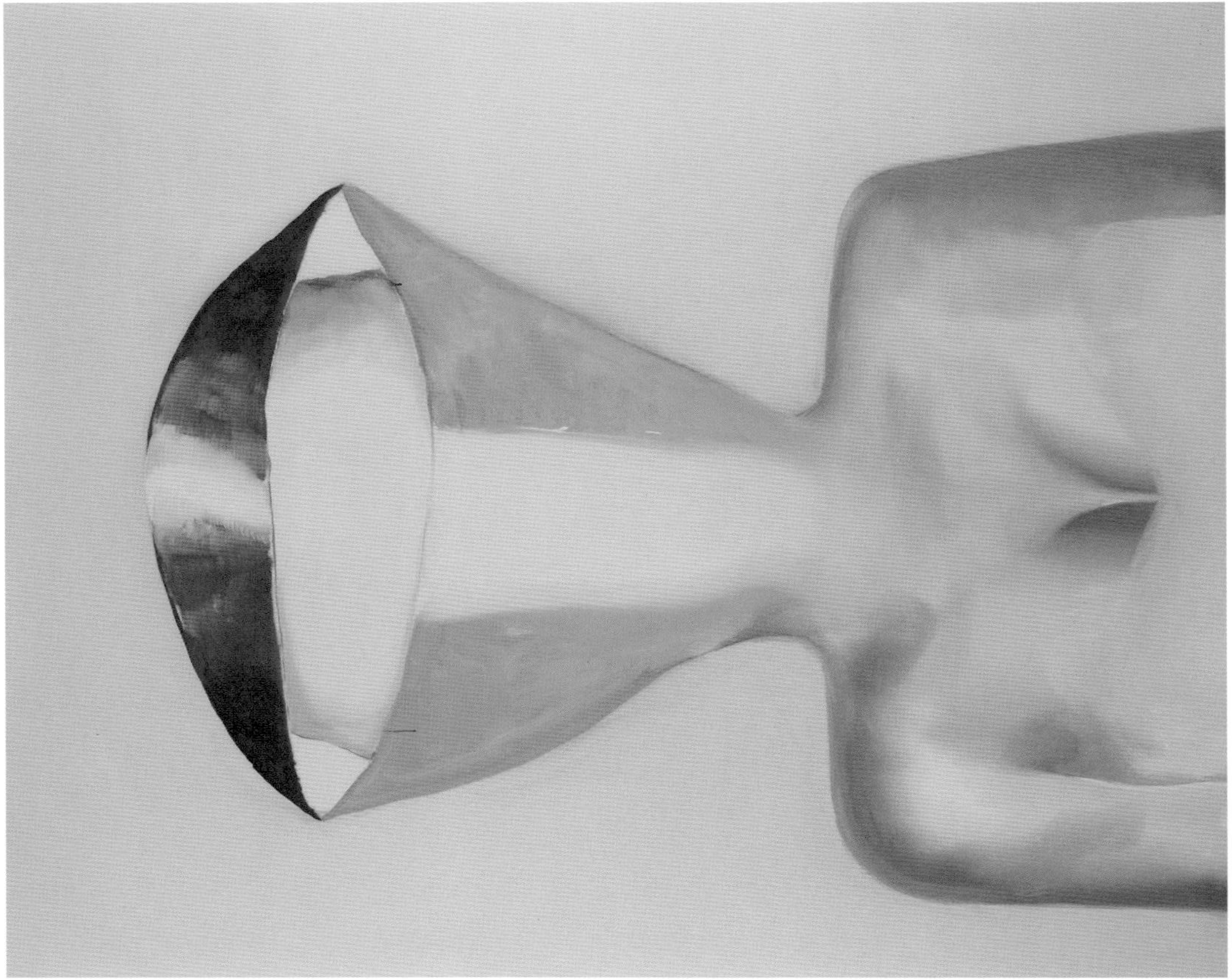

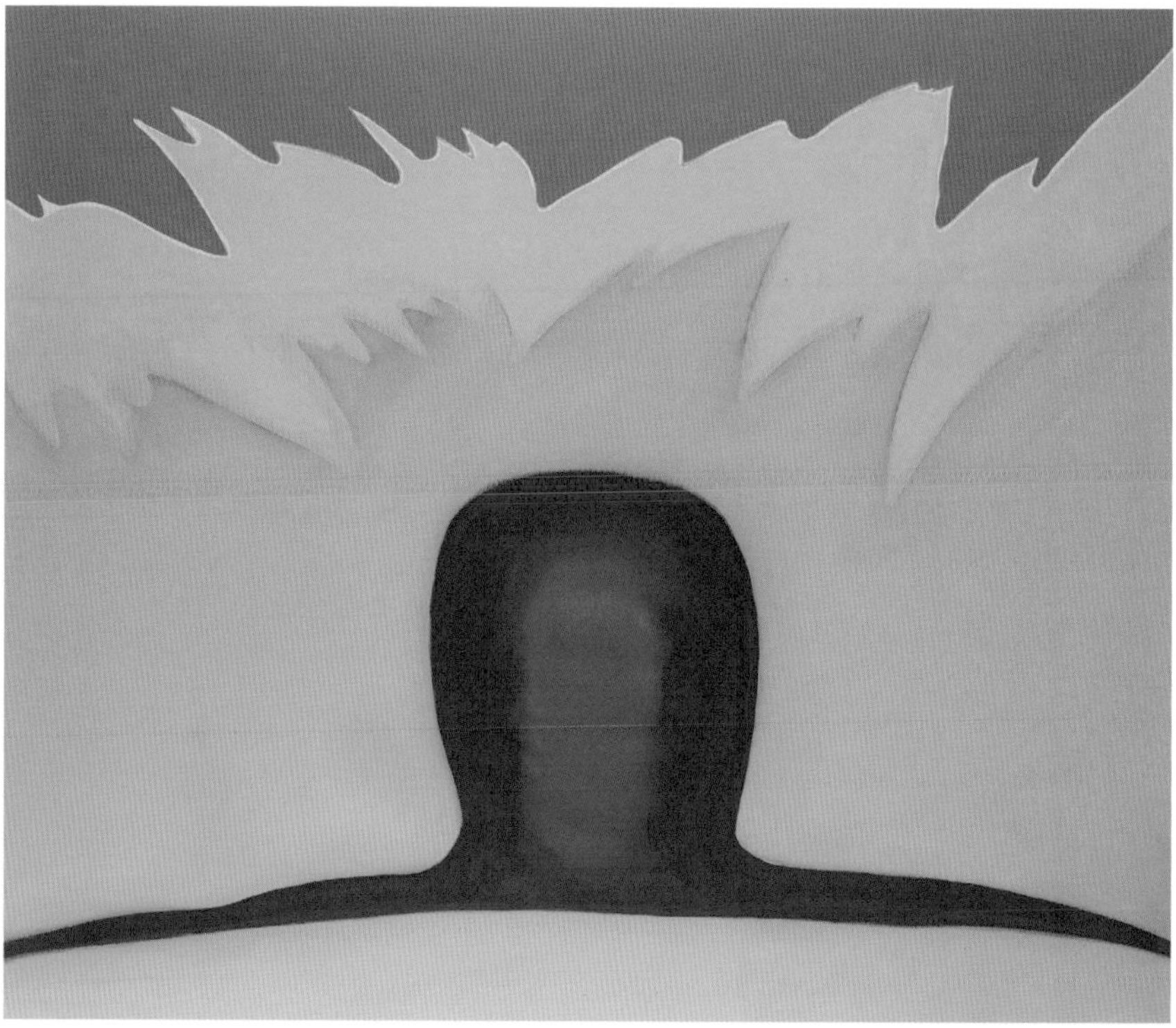

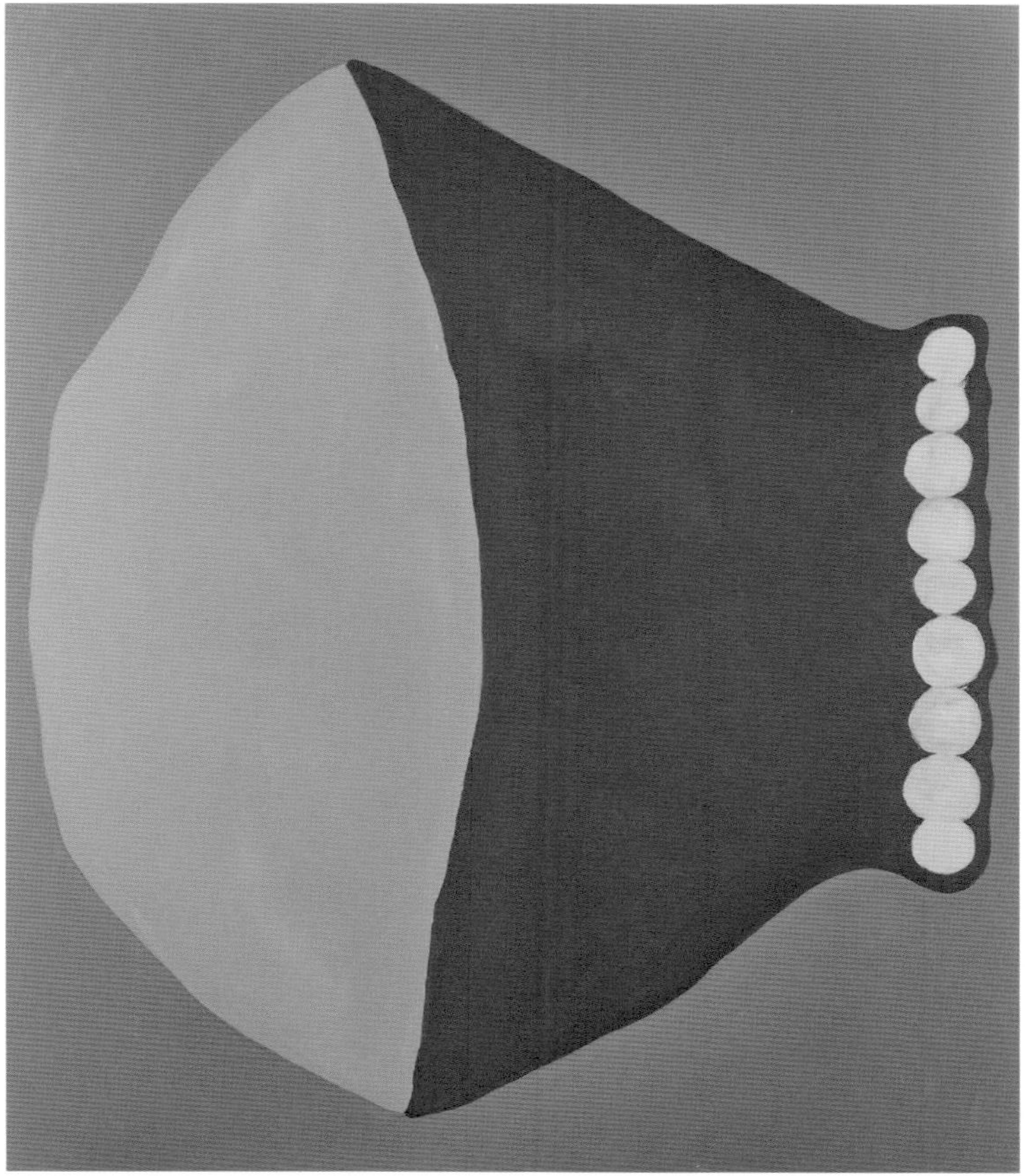

でもおれ、なんであんなにきっちりステイアットホームだったのかな。ほんとうにきっちりステイホームを守っていたね。どこにも行かなかったよ。

五木田　それが今回まいったところだったのかもね。子どもがふたりいて、おれはそうでもないけど、お母さんは厳しいわけだよ。親としては時間があるからってゲームやるなといいたいんだけど、こんなに休みがつづくと、さすがにゲームもいいんじゃないかと思うわけよ（笑）。結局もう放っておいたんだけど、家族で朝飯食べて、そのあとはバラバラに行動するパターンだよね。4月の初旬は、そのことにどうしたらいいんだろうと頭を抱えていたよ。ちょっと運動でもしようか、公園なら（密にならなければ）いいらしいよ、と誘っても、行かないって（笑）。

——オヤジが仕事場にでも行けば子どもらの自由度も上がったかもしれないけどね。

五木田　そうなんだけど（笑）。でもおれ、なんであんなにきっちりステイアットホームだったのかな。ほんとうにきっちりステイホームを守っていたね。どこにも行かなかったよ。イタリアに行けなかったショックが大きかったんだろうね。作品だけは会場に着いて展示も済んだんだけど、飾った直後に中止だからね。

——事前の打ち合わせや設置にも顔を出せなかった?

五木田　2月の29日に行く予定だったの。その一週間前までは大丈夫じゃないといっていたの。友だちも一緒に行く予定で、「コロナって大丈夫だよね?」「大丈夫でしょ!」って会話していたくらいだから。それが急にダメになったショックはあったね。

——出発予定日は安倍首相が学校の一斉休校を要請して、これはマズいかもしれないという空気になった日ですよね。見切り発車で出発していたら、しばらく帰ってこられなかったかもしれないですよ。

五木田　帰ってこられなかっただろうし、たぶんおれ飲み歩いたりして感染していたと思う。

——その日のイタリアは日本よりは感染者数は多かったけど、パンデミックはぎりぎりもちこたえている状態だったと思う。判断がわかれる可能性もあったかもしれない。

五木田　でもおれ、独身だったら日本でも友だちと飲み歩いて感染していたと思うよ。奥さんいて子どもがいて、おれからうつったらマズいなと思って、自重したんだよね。

覚悟と変化のとき

——したがって4月は家にいる時間が長くなったわけですが、そのあいだ音楽は聴き

Charles K. Noyes – The World And The Raw People – Zoar Records（1982）

Massimo Toniutti – Il Museo Selvatico – Idanna（1991）

Mammane Sani – La Musique Électronique Du Niger – Sahel Sounds（2013）

Mirror – Still Valley – Die Stadt（2005）

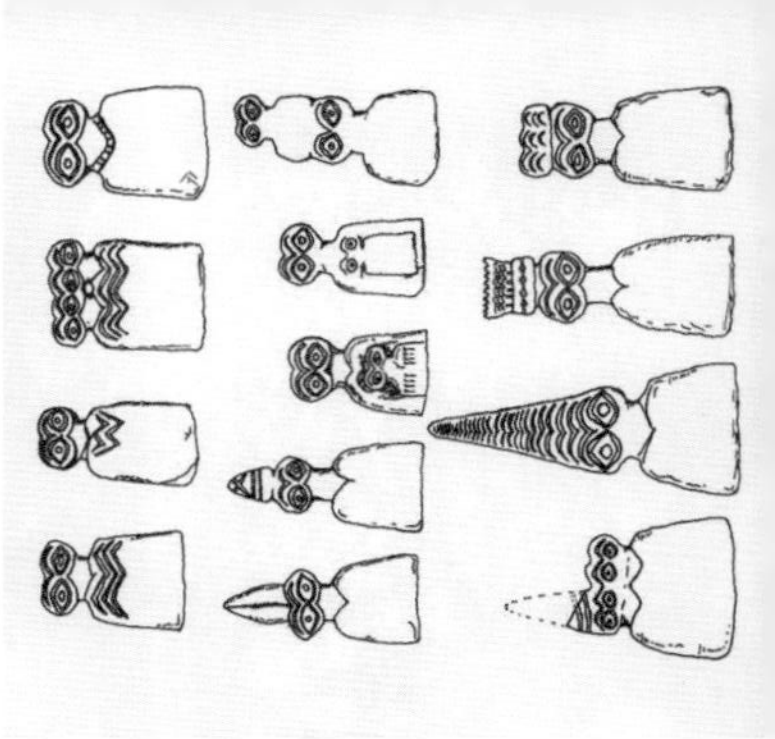

Ashbury Stabbins Duo – Fire Without Bricks – Bead Records（1977）

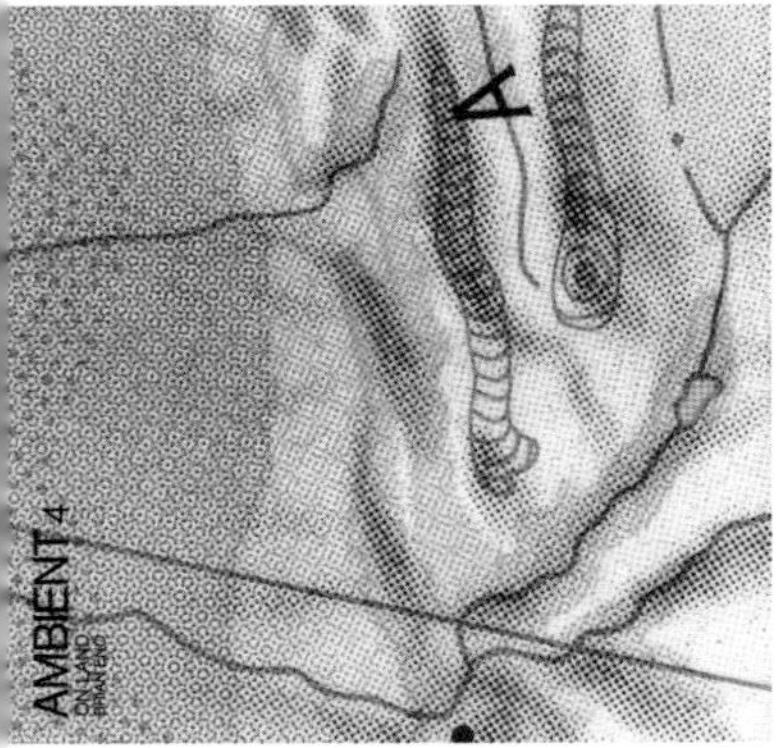

Brian Eno – Ambient #4 On Land – Editions Eg（1982）

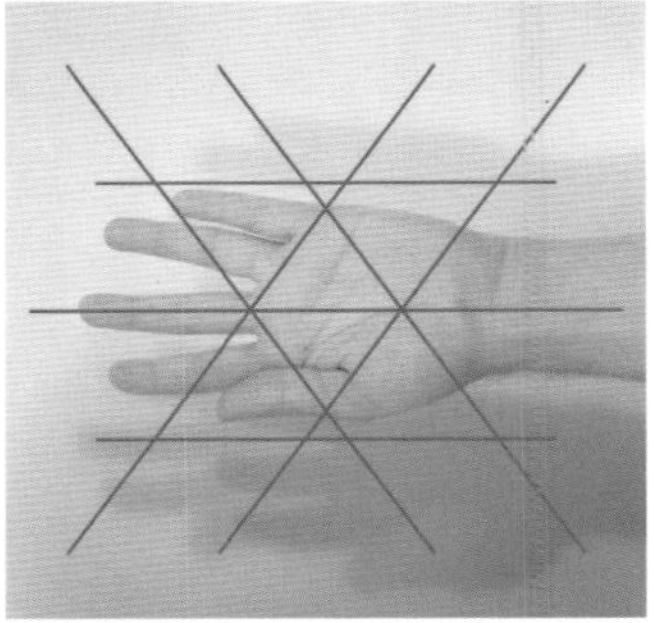

John Wiese – Seven Of Wands – Pan（2011）

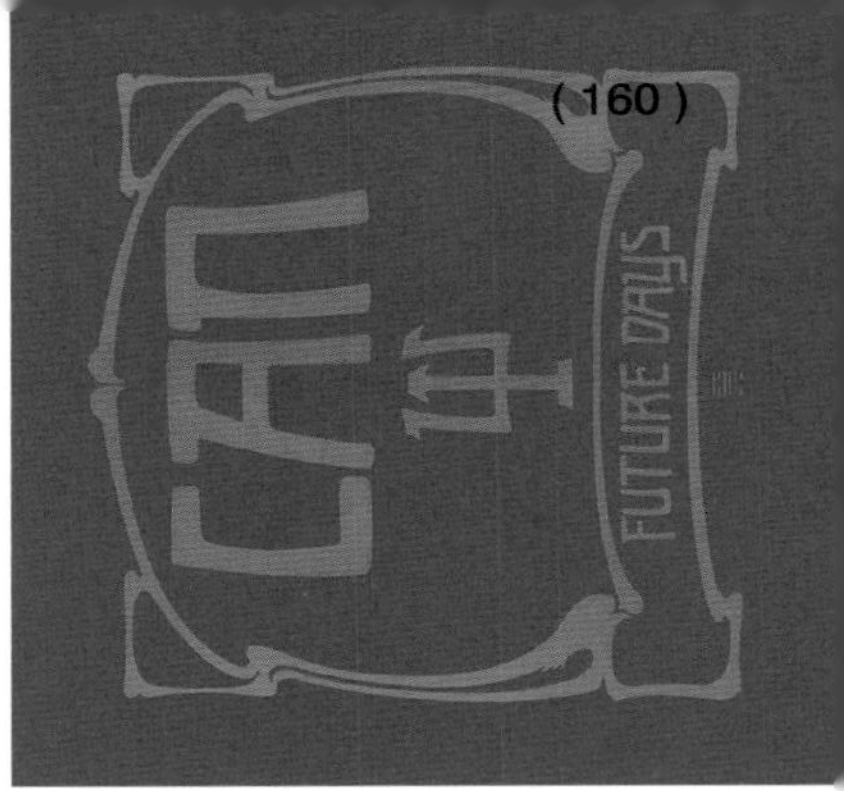

Can – Future Days – United Artists Records（1973）

Rune Lindblad – Death Of The Moon And Other Early Works – Pogus Productions（1989）

Tony Sinden – Functional Action Parts 2 & 3 – Piano Uk（1977）

ましたか。

五木田　リストにあげたレコードはほんとうによく聴いていたよ。

――アブストラクトな音楽ばかりですね。

五木田　そう（笑）、なんかきちんとした楽曲というか音楽が聴けなかった。

――きちんとした、というのはかたちになって歌がある音楽？

五木田　あとドラマチックな展開とかね。ふだんは好きなほうだけど。いいメロディとか力強いリズムとか。ファンクなんかも好きなのに、そういうのがいっさい入ってこなかった。黒人音楽がぜんぜん聴けなくなっちゃった。きっちりしたリズムとグルーヴがある音楽、それにヴォーカルものだね。ことばや歌詞が入ってこなかった。それで最近聴いていなかったあの手の音楽を聴いていた、というよりわりと小さな音で流していたというのがちかいかな。

――家には音楽を聴く五木田さんのスペースはあるんですか。

五木田　自宅の三階部分がほんとうはアトリエになるはずで、いま使っている仕事場をひきはらって移すつもりだったんだけど、子どもがいると仕事ができなくてね。仕事に使えないかわりに音楽室になっていますよ（笑）。

――仕事中に気が散るのを避けたい？

五木田　それ以前に、絵を描くときはひとりになりたいのかもしれない。

――ひとりでいると絵を描くモードに入っていけますか。

五木田　なんにもなければなんにもしないんですよ。

――私は五木田さんと仕事する機会が何度もあったけど、描くのすごく早いじゃない。

五木田　早いけど、自発性とは関係ない。そこにいくまでも　大変なのよ。

――ご自分のなかでプロセスやモチベーションが必要なんですね。

五木田　それ以前に〆切ですよ。〆切があるからやるということですよね。展覧会があるから、ああやんなきゃというパターンが多いですよ。

――描き出すのも、どうしようかなと迷うんですか。

五木田　迷いますよ。迷って迷って、だいたい最初はうまくいかないパターンが多い。しかも今回のイタリアから、いままでずっとモノクロだったのがカラーにしたのよ。

――カラーになったの!?　五木田さんといえばモノクロが代名詞なのに。

五木田　イタリアは新作だけで、だれにもなにもいわず、いきなりカラーにしちゃったから観たひとはびっくりすると思うよ。なんかもうね、行き詰まって色を使いたくてしょうがなかったんだよね。

――そういえば、2年前東京オペラシティアートギャラリーで開催した《Peak-A-Boo》のときも、カラーに変わるかもしれないといっていた気もする。

五木田　だったかもね。イタリアに出したのはうまくいったのでよかったんだけど、いきなりカラーにしたから（可能性の）枠がガッと広がって頭がすごく混乱しているんだよね。どうしようかな、というのもあって、アイデアも浮かばない状態なんですよ。

——モノクロとカラーは世界としても——

五木田　まったくちがうよ。

——五木田さんはモノクロの世界で高い評価を得ていたと思うんですよ。

五木田　どうだろうね。

——そこからべつの世界に行くのは勇気がいったのではと想像しますが。

五木田　覚悟はしましたね。（絵が）一枚も売れないかもしれないし罵倒される可能性もある。でもどうなってもいいやと思ったりもしたよ。奥さんなんかも、えっカラーにしたの、みたいってわざわざ来たのに作品を前にして絶句していてさ（笑）。大丈夫なの、こんなので、といったんだよ（笑）。

——奥さんの意見にたいして五木田さんはなんと返したんですか。

五木田　もうやらしてくれ、一枚も売れなかったらゴメンねって（笑）。ハラを括りましたよ、そのときに。

——モノクロの世界はやりつくしたということですか。

五木田　行き詰まった、のほうがニュアンスがちかいかな。飽きたしちがう世界に行きたかったね。変化したかった。

——色の世界に移ったことでなにか変わったことはありますか。

五木田　二十代のころはカラーもやっていたから戻った部分もあるね。そもそもおれ、自分をモノクロの作家だと思っていなかったのに、モノクロやってヘンにウケちゃったからつづけざるをえなかったところもあるのよ。いちど2000年代、結婚前だから13、14年前だと思うけど、ロサンゼルスの個展でブルーの絵にしたことがあるのね。

——たしかにありました！　思い出しました。

五木田　そのときもモノクロ飽きた、ブルーにするといってぜんぜんウケなかったのよ。いろんなひとからモノクロのを描いてよと要望もあったりして、結婚して子どもも生まれちゃったし、稼がなきゃいけないと思ってモノクロに戻ったんだよ。生活のためにも売れる方向でやらなきゃというかね（笑）。ヒットソングを書いたみたいなものだよ。前に売れた曲調を、また求められ応えたという感じでモヤモヤしつつ、でもね、モノクロに戻ったら戻ったで新たな発見もあったのよ。

——私もモノクロのなかでも作風は変化していきましたし成長もあったと思いますよ。

五木田　それが今回限界に達したんだよ。

——その記念すべき展覧会がコロナパン

デミックにぶつかるというのも逆にもっているといえるかもしれないですね。

五木田　場所も（ヨーロッパで最初に感染拡大した）イタリアだしね（笑）。絵柄もね、宇宙人みたいなのばっかり、狂ったように描いていた。自分でもなんだかわからないんだけど。

――作品を拝見していないので、なんともいえませんが、オペラシティの前、2014年の《THE GREAT CIRCUS》のときにはもう、宇宙人っぽい造形のモチーフはありましたよね。ああいった感じですか。

五木田　そのときよりもっとバカバカしい。

音楽を聴くのはもっぱら家。ジャズやロックやファンクを聴いていたのが、コロナ禍の自粛生活でアンビエントやノイズになったんですよ。

画廊の名前がマッシモ・デ・カルロ（Massimo De Carlo）なのでネットで検索してくれたらわかると思うんだけど、ほんとうにクダらないのよ。

――（いわれたとおりにPCで検索）ああ、この淡い感じの色づかいの。

五木田　それが何十枚もあるのよ（笑）。みんなびっくりするだろうなと思っていたら中止になっちゃったからさ。ガクッとくるよ。

――実物をみていないのでなんともいえませんが、絶妙な配色ですね。

五木田　ひさしぶりに色をつかうと楽しくて、いろんなことを試しました。いやでも行きたかったな、イタリア（笑）。現場でみたかった。

――ひとの反応にも直にふれられますものね。

五木田　そうそう。

レコードの分類法と踏み出す勇気

――画廊はもちろん、美術館もふくめ、アートシーンのひとたちも今回、こまったひとは少なくなかったですよね。

五木田　そういう声が直接耳に入ってきたわけじゃないけど、まわりをみていたらそう思うよ。

――アーティストのみなさんも個展や展覧会がないと作品をひとに伝達する機会もないですよね。

五木田　いちばん困っているのは演劇とか音楽みたいなナマの表現するひとたちだと思うよ。ライブハウスは元の状態に戻るのは当分ムリだよね。

――五木田さんは最近ライヴに足を運びますか。

五木田　結婚してからはあまり行かなくなったかな。

――音楽を聴くのはもっぱら家？

五木田　家で聴くね。ジャズやロックやファンクを聴いていたのが、コロナ禍の自粛生活でアンビエントやノイズになったんですよ。

――あげていただいた作品についてうかがっていきたいのですが。

五木田　いちおういまレコードもっていますよ。

――家で聴くのはレコードが多いですか。

五木田　レコードだね。CDプレイヤーもあるけど、こないだCDプレイヤーが邪魔くさくなってシステムから外しちゃいました。居間ではまだCDも聴けるんだけど、自分の部屋ではレコードだけにしようと思ったの。それもあって、ここであげているのは全部レコードです。

――さしつかえなければ、レコードは何枚くらい所有されていますか。

五木田　仕事場にもけっこうあるけど、全部で二、三千枚だと思います。

――どういうルールで整理しますか。

五木田　それいい質問だよ。おれもいろんなひとに訊くんだけど、以前友だちに同じ質問したときに、黒人と白人って答えたんだよ。差別しているわけじゃないんだろうけど、なんかすげーな、と思った。

――じっさい黒人音楽といいますし、分類法としては伝統的かもしれないですけどね。

五木田　おれはね、ジャズ、ソウル、ファンク、ロック……とかね。レコード屋みたいなもんですよ。あとは日本人のコーナーもある。大雑把にわけているだけなんだけど。

――五木田さんは自宅のレコード棚の電子音楽とかそういったもののほうにこの4月あたりは手が伸びがちだったということですね。

五木田　さっきもいったけど、ことばが邪魔というかうるさいというか入ってこない感じがあったんだよね。モダンジャズもあまりハマらなくて。

――ジャズでも即興の要素がつよいものですね。

五木田　そう、かたちのないもの。

――リスト1枚目のマッシモ・トニウッティはイタリアに行けなかったから?

五木田　たしかに会場のギャラリーもマッシモだもんな（笑）。でも偶然だよ。これは十数年前にジム・オルークとふたりでレコード屋に行って、レコードを買おうとなったときに、ジムが「五木田さんこれもってる?」と訊くのね。おれはぜんぜん知らなくて、「知らない」っていったら、ジムお得意の「傑作です!」が出てさ（笑）。「ダメです、買わないと」といわれて買ったんだけど、十数年前でしょ。当時は買ってちょっと聴いたんだけど、つまんないというか音楽じゃないと思った。それがこの4月にいちばん聴きましたよ。ほとんどモノ音なんだけどね（笑）。リストにはあげていないけど、効果音のレコードなんかも聴いていたんだよね。

——ライブラリーレコードのようなものですね。

五木田 そうそう。ついにそういう方向に行っていたんですよ。

——ジムさんと一緒に行ったのは日本のレコード屋ですか。

五木田 そう。ジムが日本に移住する前で、アメリカと日本を行ったり来たりしていたころだよね。ミラーとか、このへんの音楽は全部ジムに教わったね。

——ミラーはすばらしいですよね。

五木田 ミラーのよさが身に染みた今日このごろだった（笑）。ミラーを聴いてはじめてうぉーっと思った。

——こういうときに音の響きで語るものは意味というより思考に直接働きかけるのかもしれないですね。

五木田 ブライアン・イーノのこれ（といって『On Land』のジャケットを画面にかざす）とかも、小さい音で聴いていて、こんな音入っていたっけ、と思ってヴォリュームをあげたり、再確認する機会でもありましたね。

——アンビエント・シリーズでも『Music For Airport』ではないんですね。

五木田 『Airport』はおれ大好きで昔聴きすぎたというか、ちょっと飽きちゃったのかもね。心地よすぎるというか、こっちのほうがわけわかんないのもあってね。電子音よりじゃないですか。

——『Airport』を好きになったきっかけはなんですか。

五木田 おれは完全に後追いなんだけど、兄貴がもっていたのと、大竹さんが本で『Music For Airport』を聴いて、ついにここまできたか、といっているのを読んだりしたからだろうね。

——電子音楽でみると7枚目にあがっているルーネ・リンドブラッドはスウェーデンの電子音楽家ですが、どういった経緯で入手されたんですか。

五木田 これはたまたまレコード屋で買ったヤツですね。この10枚以外にもいろいろ聴いたけど、4月はこういうのばっかりでしたね。

——あげていただいたなかで知名度が高いのはCANですね。

五木田 だろうね。

——CANもいろいろあるなかで『Future Days』を選ばれたのも、この話の流れだと自然ですね。

五木田 A面のだんだんもりあがってくる感じが、このアルバムはいまだに好きだね。

——特定の状況下というのをとっぱらってCANの全作品で好きなのを一枚といわれるとなにをあげますか。

五木田 アルバム単体だとやっぱりこれだね。マルコム・ムーニーのころも後期も、アルバム全体はさほどではないけど、この曲だけ好きというのもCANはいろいろあるんだけど、ダモ鈴木が在籍しているときがいちばんだね。CANはメンバーの演奏家としてもすごいと思っている。とくにベースとドラムだよね。

―― シューカイとリーベツァイトのリズム隊はすごいですよね。シューカイは上手かといわれるとやや微妙ですが。

五木田 たしかにテクニカルかといわれるとそうではないかもしれないよね。

―― でも彼しかできないことを終始一貫してやっていたと思います。

五木田 (感嘆まじりに) やってるんだよ。

―― 絵を描くときも音楽を聴きますか。

五木田 だいたい聴いているんだけど、レコードを換えるのもめんどくさくなって途中からはラジオになったりしますね。おれはどちらかというと、いつでも音がほしいほうで、家で家族と一緒のときも、テレビやラジオをかけているね。奥さんにすぐ消されちゃうんだけど。

―― 音はあったほうがいいけど、描くときはひとりになりたい。

五木田 勝手だよね (笑)。

―― 最後にあげているトニー・シンデンはゴリゴリした音楽のなかではやや軽妙な感じがあります。

五木田 これはネットで買ったの。このひとの7インチシングルがネットで試聴できて、よくみたらピアノ・レコーズってディヴィッド・カニンガムのレーベルからのリリースだったんですよ。それは蝉とギターがセッションするというような主旨で、めっちゃミニマルなフレーズを延々と弾いているだけなんだけど、演奏に蝉が入ってくんの、ミーンって (笑)。このひとおもしろいなと思って調べたら、このレコードに行き着いた。内容的には蝉のと似たりよったりなんだけどね。どうやらアーティストみたいだけど、どんなひとか詳しくは知らないな。

―― とはいえアーティストとしての活動もそんな活発ではないみたいですね。ところで今回の特集でEYEさんにもお話をうかがったんですが、EYEさんもこのレコードをあげていました。

五木田 えっほんと! それはすごいね。

―― コロナパンデミックの状況下で少なくともふたりはこのレコードを聴いていた、というのはなにか不思議ですよね。

五木田 でもさ、状況への反応の面では似てくる部分はあるのかもしれないよ。たとえばおれも友だちに、なに聴いてる、と質問したら、静かめなものやインストしか聴けないというひとが多かったからね。ぜんぜん変わらないひともいるけど。

―― 今回のコロナみたいなものがあって、五木田さんのこんごの作品、ちょうど作風が変わった直後なので予測はつかないとは思いますが、変わる可能性はあると思いますか。

五木田　それはあるよ。絶対あるでしょ。これから（8月の個展に向けて）描きはじめるんだけど、もっと変わりたいというか、自然に変わるんだと思う。画家の角田純さんとこないだちょっと話す機会があって、五木田絵描いている？　っていわれたから、ぜんぜん描けないよといったのね、逆に角田さんになにか描いてます、って訊いたら、描いているけど、なんか暗い絵しか描けないよ、なにか影響があるのかもねという話になったのね。暗くなるかはわからないけど、なにか変わると思いますよ。でもその変化はやってみないとわからない。

——楽しみです。

五木田　自分でも楽しみですよ。明日明後日にはほんとうにはじめないとほんとうにマズいんだけどね。

——五木田さんの作品はここしばらく巨大化と極小化が同時進行していたきらいがありましたが、作風が変わったことでその点も変化したりするんですか。

五木田　それはあまり関係ないな。サイズは作風というよりギャラリースペースとの兼ね合いだからね。

——カラーになったことで画材が変化したことによって描くときの感触が変わって戸惑わなかったですか。

五木田　絵の具もモノクロのときはちがうんだけど、ストレスをおぼえるほどではないかな。おれは比較的すぐ慣れるほうだからね。むしろ昔、色を使っていたころを思い出すというかね。まったく知らない画材ではないし、抵抗感はさほどないね。

——慣れるといえば、社会の変化にもすぐ慣れそうですか。あるいはこの状況は以前のように元に戻ると思いますか。

五木田　しばらくむずかしいんじゃないかな。オリンピックも来年やらないだろうし、当分ムリだと思う。それにともなってひとの気持ちがどうなるかというのもよく考えるよ。東日本大震災のときも日本はたいへんだったけど、今回は世界全体の問題だし影響も広い気がする。

——ブラジルでも感染拡大していますからね。

五木田　でも不思議なのはもともとインドア派というか仕事も部屋のなかだし、しばらくこもっていたけど、こもっていること自体苦痛ではなかったということ。どんよりした気分にはなったけど苦痛ではなかった。その一方で、世の中の関係でいえば、おれは政治のことなんかどうでもいいと思っていたほうなんだけど、家にこもったせいで、安倍首相の会見をマジメに最後までみていると、あまりのひどさに、こんな人間でもちょっとマズいんじゃないかと考えたほどだった。ウソばっかだしね。友だちでニューヨークに住んでいるひともけっこういるんだけど、なんで日本は死者が少ないのってみんな不思議がっていたよ。アジア系の感染者が少ないとか、ＢＣＧがどうのこうのという話や生活習慣までいろいろいわれているけど、日本が意外にうまくいっていることとは政府の対応は関係ないだろうしね。

――そういった政治への怒りや不満が新作にあらわれたりするかもしれないですよね。

五木田　じつは一枚だけ、安倍首相のコラージュをつくったんですよ。吉祥寺のアマラギャラリーの「DEMO」展というオンライン・グループ展に、おれにしてはめずらしく政治家をモチーフに「新型２０２０」と題したコラージュをつくりましたよ。先々週くらいの話ですけどね。

――いろんなことが地滑り的に変わりゆく世界なのかもしれないですね。五木田さんもニューフェイズに入ったことだし、期待は高まりますね。

五木田　期待してください。そういったプレッシャーがあったほうがどうやらおれはいいみたい。

――重く感じないですか。

五木田　メチャメチャ重いんだけど、それをはねかえすときがくると思ってがんばりますよ。みてください（といって画面をカンバスのほうに向ける）なにも描いていないでしょ。それを毎日眺めて、どうしようかなと思っているんですけどね。

――スケジュールは大丈夫なんですか。

五木田　追いつめられてもうヤバい、いまはじめないとまにあわないぞ、となんないとはじめないね。よくある話だけど、一歩踏み出す勇気、きっかけがつかめればバーンといくんだけどね。

――でもその一歩が正しい方向に向かっているかはやってみないとわからないですよね。

五木田　まさにそう！

――途中でちがうと思ったら、どうしますか。

五木田　捨てるか消す。消すことが多いですね。

――もったいなくないですか。

五木田　それはないんだよ。

――作家とはそうあるべきです（笑）。

五木田　そこは自分でも、おれって勇気あるなと思う（笑）。１００％完成した絵があるとするよね。そんな絵でも、どこか気に入らない箇所があったら、しばらく置いておく。その傍ら、どんどんちがう絵ができあがるじゃない。それで思いかえして、見直したとき、やっぱこれダメだとなったら、思いきって消すよ。イタリアのときは作風も変わるという試行錯誤の段階でもあったから、半分ぐらいは全部消した。確実にまにあわないぞ、どうするんだってなってからの2週間でのこりの全部を完成させたからね。「あれ消しちゃったの!?　あれよかったのに」と奥さんにはいわれたんだけど、そこはやっぱりね、気合いですよ。

（取材＝松村正人／２０２０年５月27日）

そもそも〈ホーム〉って何？

幽霊屋敷からヴァナキュラー宇宙へ

後藤護

（ごとう まもる）暗黒批評。著書に『ゴシック・カルチャー入門』（Pヴァイン）。佐野亨編『スタンリー・キューブリック』（辰巳出版、五月刊行予定）に「時計じかけのオレンジ」論を寄稿。訳文校正を担当している『金枝篇』（国書刊行会）の第八巻「スケープゴート」も近刊予定。編集主幹を務める高山宏系批評誌（？）『機関精神史』の第三号「アフロ・マニエリスム特集」を鋭意準備中。黒眼鏡を着用。

このコロナ禍で蟄居を命じられた結果「そもそも〈ホーム〉って何？」と疑問噴出したので、ザ・スミスのインドア・ミュージックを聴き直して考えるつもりでいた。しかしポーの名作『ホーンティッド』を取っ掛かりにする方が近道だと土壇場で気づいた。といって、写真を見てもらえれば分かるように、肝心のアルバムではなく代わりに『紙葉の家』なる大部な書物――それ自体が一個の「箱」というか「家」であるような――が写っている。懸命に探したがポーのCDを紛失してしまった（汗）のでこの本で「代用」したわけだが、そもそもなぜ代用などできるのか？ それはこのアルバムが、「家」をテーマにしたゴシック・メタフィクションの金字塔『紙葉の家』と密接にリンクした音盤で、本の迷宮的内容をますます迷宮化させるスピンオフ的世界観でもあり、さらには本の著者マーク・Z・ダニエレブスキーとポーは実の兄妹関係でもあって、本と音盤が不即不離の関係にあるからだ。

『紙葉の家』はウィル・ネイヴィッドソンという男の「家」の内部がどういうわけか勝手に膨張する「不気味な」物語で、しかも家の外観には何の変化もなく、ある扉の先に広がる真っ暗な廊下がほとんど無限に増殖変化していく。その闇のなかの探検行を記録した一連の映像を『ネイヴィッドソン記録』といい、この映像記録にまつわる所感や記事をザンパノという盲目の老人がまとめあげた同タイトルの『ネイヴィッドソン記録』なる遺稿があって、これを偶然手に入れたジョン・トルーアントなるジャンキー野郎が勝手に編集する。ザンパノが既にして万巻の書物を引用しているのに加え、さらに真偽《トルーアント》不明のジョンによる注釈がくっ付いたうえ、出版社の「編集部」とやらがさらに手を加えている。こうした語り／騙りの多重フレーム化に加えて、「家」の不定形ぶりを身振りするように本文も円環を描いたり、逆さまになったり、鏡を使わないと読めなかったりするのでレイアウトも迷宮。まさに認識論的にも空間的にも「出口なし」である（ちなみに父タッド・ダニエレブスキーは映像作家で、サルトル原作『出口なし』をオーソン・ウェルズ脚本で監督しているというから、迷宮狂いは親譲りだ）。

さて、語りとレイアウトの迷宮構造が『紙葉の家』のキモなわけだが、小説にリバティ・ベルという架空のバンドが出てきてさらに錯綜する。このバンドがどういうわけか（今まさに我々が読んでいるはずの）『紙葉の家』に言及し、熱烈な読者だとのたまい、挙句は楽曲の世界観はこの本を参照しているというのだ。ポーの『ホーンティッド』は一枚の独立したアルバムでありながら、明らかにこの〈小説内バンド〉を身振りしたメタアルバムともなっており、小説世界をさらに拡張するハイパーリンク的役割も担っている。「音楽を文章のようなものとして聴く」とはデヴィッド・トゥープが『フラッター・エコー』（DUブックス）で放った印象的フレーズであったが（一六九頁）、ポーの音源に接すると限りなく「読書」と「聴取」という行為が重なってくる。そもそもCDやレコードといったマテリアルの効能は聴取を「立体的」に——それこそ不思議がいっぱい詰まった「箱」とか「家」のように——立ち上げることである。音盤を手に取り、その量塊感を楽しみ、レコードスリーヴを取り出して各種ヴィジュアルや解説文を「読む」行為が「聴く」には含

後藤護の９枚＋１冊

The Smiths – Heaven Knows I'm Miserable Now – Rough Trade（1984）※シングル

The Smiths – The Boy with the Thorn in his Side – Rough Trade（1985）※シングル

The Smiths – Last of the English Roses※ブートレグ

The Smiths – Dance with Octopuses※ブートレグ

Poe – Haunted※代りに『紙葉の家』

大里俊晴 – 間章に捧げる即興演奏 – カンパニー社（2018）

Hikaru yamada hayato kurosawa duo – we oscillate! – カンパニー社（2019）

Funkadelic – Maggot Brain – Westbound（1971）

Parliament – Mothership Connection – Casablanca（1975）

V.A. – The Meaning of the Blues: The Legacy of Paul Oliver 1927-2017 – Jasmine（2018）

まれている。サブスクリプションではどうしてもこうした「立体性」は消え失せ、ただ音を垂れ流すことが多い。その処方箋として大里俊晴のSunn O)))ばりのドローンメタル風ギター演奏が壮絶な『間章に捧げる即興演奏』（カンパニー社）を選盤した。これを作った畏友・工藤遥によればこのCDケースは大里氏の遺品コレクションを再利用したものということで、当然のことながら擦り傷などが付いている。これがなんとも愛おしく、CDケースというもっともアウラの宿らなそうなプラスチック製品にフェティッシュを感じる稀有な体験をした。これも「立体的聴取」の一例だろう。

ではポーのアルバムを「建築」として、立体的に聴取するとどうなるか？ポーの『ホーンティッド』という音建築の立体構造を、平易《プレイン》に説明《エクスプレイン》する設計図《プラン》が、小説『紙葉の家』だと分かる（三単語どれもが「平面」を意味するラテン語planusに由来）。そもそもアーティスト名がポーであることが驚異。「家」をテーマにしたゴシック小説の二大金字塔、それが『紙葉の家』とE・A・ポー「アッシャー家の崩壊」であることを思うと、なかなか意味深ではないか。アルバムタイトルも『ホーンティッド（幽霊憑き）』であることだし、ここらで「家」から「幽霊屋敷」へと議論をスライドしていこう。キューブリックの『シャイニング』を素材に、故マーク・フィッシャーはデリダ発案の「憑在論（hauntology）」を駆使して幽霊屋敷の「家父長制システム」を暴き立てた（『わが人生の幽霊たち』Pヴァイン所収）。というのも通俗ゴシック小説しかり、幽霊の住まう中世の「城」は封建制と切っても切れない関係で、原則「女」は霊になって家に取り憑くことが許されないのだから。ジャックが妻と息子にDVを振るい、彼らを斧で殺害排除しようとしたのは、家父長制ホラーの当然の帰結なのである。そもそも舞台となるオーバールック・ホテルからしてアメリカ先住民を虐殺することで建てられた血塗られた歴史を持つ。このホテルは白人がアメリカを男性的に凌辱し、暴力的に「所有」したことの隠喩なのである。幽霊屋敷は憑依／所有《ポゼッション》の両義性の上に危うく屹立する（カンパニー社の『we oscillate!』は幽霊屋敷風サウンドトラックとしても絶妙ゆえ、是非聴いてほしい）。

とホームリスニングの〈ホーム〉をあれやこれや論じるうちに、「家」をめぐる議論は白人的家父長制の所有／憑依の問題と骨絡みであることが見えてきた。さて、ダニエレブスキーは明らかにガストン・バシュラール『空間の詩学』（ちくま学芸文庫）——コロナ禍でもっとも読むべき「アンビエント」な一冊——の影響を受けており、小説内でも度々引用されるのだが、部屋でぬくぬくするような「内密」を夢想するバシュラール詩学にやや不穏な記述があることに僕は気づいた。夢想に誘うような生家の「部屋」を描写した書き手（ここでは「きみ」）と、それを読むときの読者の特別な体験についての文章に、その「不穏」は紛れていた。

きみは読者の興味を自分にむけたいとおもう。だがきみは夢想の戸をあけてしまったのだ。内密の価値は激しくこころをうばうので、読者はきみの部屋を読むのをやめてしまう。かれは自分の部屋へもどってゆく。父や祖母や母や召使や「忠実な召使」たちの思い出に耳をかたむけるために、要するにかれのもっとも貴重な追憶の片隅を支配しているひとの思い出に耳をかたむけるために、かれはとうにはなれさっているのだ。（六〇頁）

わざわざ「忠実な召使」と強調しているように、バシュラールの「幸福なコギト」（G・プーレ）にはブルジョワ的支配の影がちらつく（と、『家政婦は見た』の市原悦子のように目ざとく発見）。「召使」という支配／被支配が前提されるような「内密」空間であるから、その家《ハイム》は「不気味なもの」《ウンハイムリッヒ》とも踵を接している。このあたりで今まで論じてきたのものが「白人の家」であったと気づく。プリンスの生地ミネアポリスで起きたジョージ・フロイド事件等々、このところの一連の黒人殺害事件もあって、「黒人の家」についても考えねば不公平な気がする。黒人ブルース研究者のポール・オリヴァーが、同時にハイアート的な白人建築観を脱構築するヴァナキュラー建築の研究者であったことの意味を深く考える必要がある。

まずはバシュラールの以下の言葉から始めたい。「家は鉛直の存在として想像される」「鉛直性は地下室と屋根裏部屋という極性に裏付けられる」「屋根の合理性と地下室の非合理性を対比することができよう」（六五頁）等々。ここで「屋根裏」と「地下室」という二つの空間のもつ意味を、黒人文学のなかに探ってみよう。「屋根裏の狂女」という名著もあるくらいで、西洋においては女性＝狂気＝ヒステリーの観念連合はこの空間に隔離されるネガティヴな存在であったが、ハリエット・ジェイコブズのような黒人奴隷の女性は、白人領主の性的凌辱から逃走（flight）するため近くの屋根裏部屋に七年間隠れ住んで、そこを闘争（fight）の場に変えて「合理的に」自由を勝ち取った、と自身の奴隷体験記に綴っている。あるいはラルフ・エリスン『見えない人間』（いよいよ今秋に白水Uブックスから再刊される）の黒人主人公は地下室に潜り、電力会社から盗んだ電気で一三六九個の電球を灯し、五台の蓄音機でルイ・アームストロングを同時に鳴らして「非合理な」グルーヴを体感することを夢想した。

とバシュラールの顰に倣って別々に考えてはみたものの、黒人文化においては闘争空間としての「屋根裏」も、夢想空間としての「地下室」も、「自由」を渇望する空間ということでは表裏一体のメビウスの輪をなす。当節流行のアフロ・フューチャリズムが掲げる「宇宙」への空想旅行《ヴォヤージュ・イマジネール》は、僕の見立てでは地下鉄道からアンダーグラウンド・ヒップホップにまで至る、黒人文化特有の「地下」空間への絶えざる欲望の裏返しなのだ。「地下室の夢想は、現実を増殖させずにおかないことを、この超＝地下室は証明する」（六九頁）とバシュラールも書いたとおり、『見えない人間』の黒人が暮らす「超＝地下室」は上下反転して夢みる宇宙となる。それゆえファンカデリック『マゴット・ブレイン』ジャケで地下に埋もれた黒人の下半身は、パーラメント『マザーシップ・コネクション』ジャケで宇宙船に突き刺さる黒人の股間と照応《コレスポンド》する。

しかしそもそも、ポール・ギルロイ風に言って「根（root）より経路（route）へ」向かったアフロ・ディアスポラ世界においては、白人的な「家」の固定性・所有性とは最初から縁がないのかもしれない。ヒューストン・ベイカー・ジュニア『ブルースの文学』では、黒人ブルースマンの「家」は鉄道や十字路という流動性のある非-場所《アトポス》であるとされている。黒人ヴァナキュラーは決して土地に根付くものではなく、旅する。アフロ・フューチャリズムの宇宙船《マザーシップ》の軌道は、地べたを走る鉄道の〈移動〉の記憶と、決して無関係ではない。というわけで、ポール・オリヴァー追悼盤『ブルースと話し込む』を、ヴァナキュラーな「反建築」（ドゥニ・オリエ）の音楽として聴取できそうだ。

2020年120時間の旅

杉田元一

（すぎた もといち）1961年、茨城県生まれ。雑誌や単行本の編集者や音楽ライターを経て現在はクラシックとジャズのレコーディング・プロデュースを手掛ける。主なプロデュース作品には『伶楽舎／武満徹：秋庭歌一具』『小菅優／ベートーヴェン：ピアノ・ソナタ全集』『前橋汀子／J・S・バッハ：無伴奏ヴァイオリンのためのソナタとパルティータ全曲』『吉田次郎／Red Line』『クリヤ・マコト、納浩一、則竹裕之／アコースティック・ウェザー・リポート』『THREESOME（マリーン、クリヤ・マコト、吉田次郎）／Cubic Magic』『藤倉大／ざわざわ』などがある。

日頃から時計の針がてっぺんをかなり回ってから帰宅するような生活を週に7日続けるような人生だったので、家で何かをじっくりする時間はほとんどありませんでした。そんな状況できちんと音楽と向かい合うことは難しい。僕の仕事は基本的には音楽系ですけれど、仕事としての音楽じゃなくて、趣味としての音楽にちゃんと向かい合う時間は当分先のことだろうと思っていました。そんな中でのこのコロナ禍。最初はさて、どうしたものかと考えたりもしましたが、そんな時間が思ったより早くやってきたのだな、と思うことにして、家でじっくりと音楽に向かい合ってみようと思い立ちました。

そんな中、何を聴くか。そんなテーマでの原稿執筆の依頼があったのは自宅に篭り始めて1ヶ月ちょっと経過した頃のこと。

依頼のメールをもらって思ったのは、時間がたっぷりある時だからこそ、長大・巨大な作品を聴くべきじゃないか？ってことでした。

長い曲といえば、ギネスブックに載っている「世界一長いピアノ曲」と言われるエリック・サティの「ヴェクサシオン」。52拍からなる1分少々の曲を８４０回繰り返すという曲です。８４０回繰り返したAlessandro DeljavanのピアノによるOnClassical盤が２０１７年に配信リリースされています。このアルバムの演奏時間は14時間29分でした。せっかくだから聴いてみるかとパソコンを立ち上げたんです。そうしたらピロリン！とメールの着信音。お、なんだ？海外からのメールか……。そうしたらなんと！5月30日（土）から31日（日）にかけて、イゴール・レヴィットというロシア人ピアニストがベルリンで「ヴェクサシオン」の連続演奏を行ってそれをライヴ配信するというニュースでした。

その演奏を僕はちゃんとリアルタイムで聴きました。本人、開演前にはかなりやる気満々だったのですが、途中からかなり辛そうな表情を見せ始め、後半になってだんだんテンポも速くなってきて、「早く終わらせたい」感ありあり。終わった後、「やっぱりしんどかった」発言も飛び出していましたね。

この15時間をピアニストとともに過ごした僕は、音楽ってこんなに苦悶しながら弾いたり聴いたりするものなのか？という思いにとらわ

ゲンイチの10枚

Georg Solti, Wiener Philharmoniker, etc. – Wagner: Der Ring des Nibelungen – Decca（1959-1965）

Keith Jarrett – Sun Bear Concerts – ECM（1978）

れつつ、これは「体験」としてはなかなか貴重なものではないかとも考えました。「ヴェクサシオン」は、同じテーマの繰り返しですから展開も何も起こらない。でも、それを10時間以上繰り返すという異常な状況は、聴き手に明らかに何らかの作用を及ぼします。いったいサティはこの曲で何を狙っていたのでしょうか？　ちなみに「ヴェクサシオン」には「いやがらせ」という意味があります。

いやがらせか。おもしろいかも……ということで、今回僕は有り余る時間を利用して、とにかく「長大な」作品ばかりを選ぶことにしたのです。

ワーグナー：楽劇『ニーベルンクの指輪』（全曲）

ロマン派を代表する作曲家、リヒャルト・ワーグナーが26年の歳月をかけて作曲した「ニーベルンクの指輪」は、4つの楽劇からなる長大な叙事詩的作品で、上演時間は15時間。北欧神話を土台としてワーグナーが作り上げた台本は、ライン川の水底にある「世界を支配できる黄金（から作られた指輪）」をめぐる神と人間、そして半怪たちによる壮大なドラマ。主人公はちょっとオツムが弱い側面があったり、神様の大将は奥さんの尻に敷かれていたりと、それぞれが完璧な存在ではないというところもユニーク。

本来上演に4日間かかるこの壮大かつ荒唐無稽なドラマを休みなく通して聴いていくことは、『Star Wars』9部作を最初から最後まで続けて観ることにも匹敵する稀有な体験になることは間違いありません。オーケストラの響きもとにかく派手なので、意外に飽きないんです。松本零士のコミカライズを読みながら楽しく聴きました。

Masaaki Suzuki, Bach Collegium Japan – J.S.Bach: The Sacred Cantatas – BIS (1995-2015)

Thurston Moore – Spirit Counsel – The Daydream Library Series (2019)

キース・ジャレット『サンベア・コンサート』

次はジャズ。ピアノ・ソロ・インプロヴィゼーションです。キース・ジャレットの1976年の日本ツアーのライヴ・アルバム。トータル・タイム6時間42分。発売当時はLP10枚組でした。本作はもちろんドイツのECMレーベルからの発売でしたが、このアルバム、なんと録音を日本人が担当していたのです。その人の名は菅野沖彦。エンジニアとして、またオーディオ評論家としての顔を持つ菅野がECMのヘッド、マンフレート・アイヒャーと知己を得、このツアーのすべての録音を任されることになったのです。「沈黙の次に美しい音」と言われるECMのサウンドは、すべてプロデューサーであるアイヒャーの美学で貫かれています。このボックスセットが届けられたとき、菅野は自分が録音したサウンドが、みごとにECMサウンドになっていたことに感銘を受けたそうです。菅野は「ステレオサウンド」誌の1984年春号において、この録音について次のように書き記しています。「大阪の産経ホールなんていう切りイカの臭いとポテトチップスの油が混じったような空気の中で演奏されたキースのソロをぼくが録って、レコードになったときには、ちゃんと透明感が出ている。北欧の透明な空気が、空間が見事に音として造形されているんです」。どうです、ちょっと感動的じゃないですか？

ヨハン・セバスティアン・バッハ『教会カンタータ全集』

教会の礼拝で使うために書かれた「カンタータ」という音楽ジャンルがあります。後世、音楽の父と呼ばれるようになったヨハン・セバスティアン・バッハは教会付きの音楽家としての

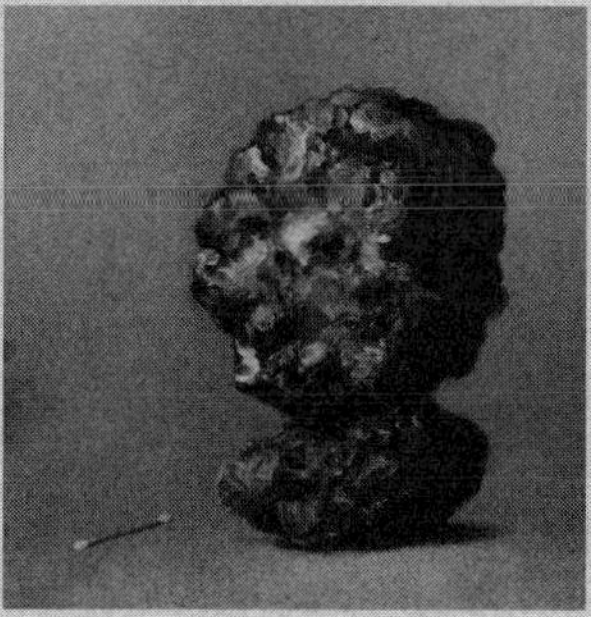

The Caretaker – Everywhere at the End of Time – History Always Favours The Winners (2016-2019)

人生を送りましたが、なかでもライプツィヒの教会勤務時に、5年間にわたって毎日曜日の礼拝に合わせて年間50〜60曲ほど必要となるカンタータを毎週（！）作曲していました。その期間に作られたカンタータはおよそ250曲。現存しているのはそのうち200曲です。礼拝に赴く人が毎週末、5年間をかけて聴くであろうこの200曲を、私は今、自宅で、しかも続けて聴こうとしているのです。ディスクの枚数55枚。トータルタイム63時間。寝ずに聴いても3日近くかかる計算です。続けて聴くのはさすがに無理なので、1日12時間ちょい、5年間を5日で体験しました。バッハの人智を超えた偉大さを、朦朧とする意識の中で合掌しながら再確認。

サーストン・ムーア『Spirit Counsel』

さて、5日間も敬虔な世界に閉じこもったので、ここでちょっと趣向を変えてみましょう。次はロックンロールです（笑）。

元ソニック・ユースのサーストン・ムーアが2019年に出した3枚組アルバム『Spirit Counsel』はCD3枚にそれぞれ63分、30分、

55分の曲が1曲ずつ収録され、サーストンの人生に大きな影響を与えた人物へのオマージュをギターノイズで表現するというもの。若き日のサーストンが師事したニューヨークの実験音楽家、グレン・ブランカ（CD2はブランカへのオマージュ）のギター・オーケストラを彷彿させる混沌とした響きを2時間半にわたって爆音で堪能しました。言葉はいらない。ノイジーなギターの倍音だけで受けるこれはまさに「魂のカウンセリング」なのです。

The Caretaker『Everywhere at the End of Time』

ハードコアーグリッチの第一人者、V/Vmのジェイムス・カービーによるプロジェクト。この『Everywhere at the End of Time』はステージ1から6までの連作になっています。この作品のテーマは「認知症」。聴き手はトータルタイム6時間30分をかけて、認知症を患い、徐々に記憶が薄れ、やがてあとに残されたものは……という状態を経験していくのです。これを聴き通すことはかなりの精神力、忍耐力が必要だと思います。今、心が折れそうな人には決しておすすめはしません。しかし、このアルバムは単なるノスタルジックなアンビエントでは決してありません。いま、この世界にこのアルバムが存在することはとても重要なことだと感じます。

三富栄治 – ひかりのたび – Sweet Dreams Press（2017）

Jan and Naomi – NEUTRINO – Caroline International（2020）

三富栄治『ひかりのたび』

ちょっとヘヴィになりすぎてしまったかもしれません。なので、ここで少しインタールード的な小品を。

三富栄治は、竹村延和のレーベルChildiscから『Futuredays』（２００３）、『1st』（２００５）、『PLANET』（２００７）という3枚の美しいギター・ソロ・アルバムをリリースしていました。竹村といえばクラブミュージックというイメージがあるけれど、三富の作品はリスニング系。２００７年以降、しばらく音信が途絶えましたが、２０１３年にこの『ひかりのたび』で見事に復活しました。

穏やかなフルートの旋律から始まり、悲しみや不安、そしてその狭間にある感情をイメージさせる曲がゆっくりと紡がれていきます。旅の始まりはいつでも期待と不安が入り混じるものですが、その経験の中で訪れる出会いと別れがいつか人生を豊かに彩っていくことに気がつかされるものです。そんな豊かな経験を、このアルバムはたった35分間で聴き手にもたらすのです。

Jan and Naomi『NEUTRINO』『Yes』

こちらもギタリストのアルバム。コロナ禍の真っ只中にリリースされたものです。

ジェイムズ・ジョイスの小説と同じタイトルを持つデビュー・シングル「若い芸術家の肖像」から「静かな狂気」をはらむと評されたJanとNaomiによるデュオ・ユニット。フォーキーなテイストとモダンな響きをあわせ持つふたりの音楽は、確かに危うさも秘めて魅力的。今回の新作は贅沢にも2枚同時発売で、お互いにヴォーカリストとして参加しつつも、1枚はJanのプロデュースによるシューゲイザー・エレクトロな感触の『NEUTRINO』、もう1枚はNaomiプロデュースによる幻想的な『Yes』。家に閉じこもるような今の気分的にはエレクトリック・ピアノやオルガンの響きが穏やかなムードを醸し出す『Yes』をメインに聴きたいと思うけれど、対照的に外を向いていきたくなるときもある。だからこの2枚がセットとなって僕の前にあることが重要なんです。

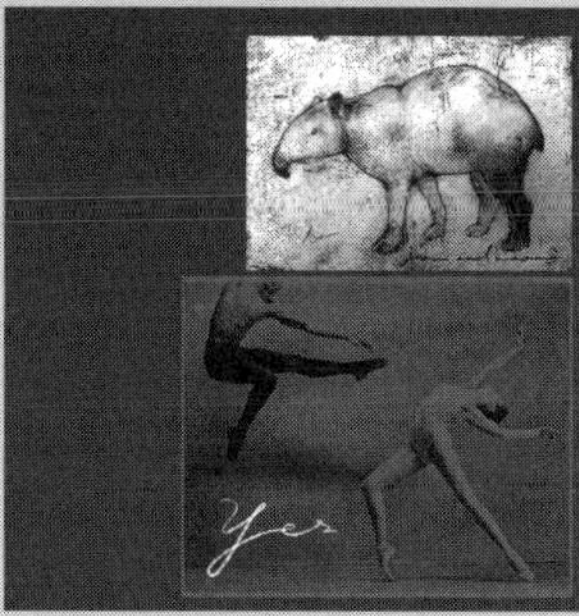

Jan and Naomi – Yes – Caroline International（2020）

朝比奈隆、大阪フィルハーモニー交響楽団ほか－ブルックナー：交響曲全集－ビクター（グローバル・カルチャー・エージェンシー）（1978-1986）

朝比奈隆『ブルックナー：交響曲全集』

さて、ここでまた重厚長大な世界に戻ってみましょう。

重厚長大なシンフォニーを10曲あまり書いたロマン派の作曲家、アントン・ブルックナー。どの曲も1時間を超える長大さですが、愚直なまでに似すぎ。似たようなイントロ、執拗に繰り返されるリズム、鄙びたメロディ……「だが、それがいい」。そうなんです。ブルックナー・ファンというのは、この愚直さに惹かれるのです。とにかくその巨大な響きに包み込まれればオッケーなので、なにかと心の安定を保ちにくいこの時期にはちょうどいいのではないでしょうか。数多いるブルックナー指揮者の中でも別格に神格化されている日本人指揮者、朝比奈隆はその生涯に3回も全集を作りましたが、今聴くのは2回目の全集です。全10曲の交響曲が収録されてトータルタイムはおよそ12時間。特に後期の交響曲3曲は、東京カテドラル聖マリア大聖堂におけるライヴ・レコーディング。石造りで、天井がとにかく高い聖堂での録音は、普通に考えると音が混濁して細かいところが聞こえなくなってしまうものですが、もともと教会音楽から発展したようなブルックナーの交響曲の場合、それがまたいいぐあいに荘厳極まりない響きとなって押し寄せてきます。

マックス・リヒター『Sleep』

コロナ禍になって、不眠症気味になっていらっしゃる方も多いのではないでしょうか。そんなときこそ、このアルバムの出番です。

ポスト・クラシカルの旗手、マックス・リヒターが2015年にリリースした『Sleep』は、眠りにつくための音楽ですが、それだけではありません。深夜0時にベッドに入るのと同時にプレイをスタートすると、朝8時まで演奏が続くのですが、ラスト・トラックは「目覚めるための音楽」になっています。トータルタイム8時間ですから、CDは1枚60分で8枚組。しかし眠ったままではCDを変えられませんね。ご安心ください。ディスクは実は9枚組となっており、最後の1枚はブルーレイオーディオとなっています。これ1枚で8時間分の音楽がシームレスで聴けるのです。しかもいい音で。せっかくですからこれをかけて、聴きながら本でも読んで朝まで起きているというのも悪くない選択だと思いますよ。

RAY『Pink』

最後の1枚は、RAY（光）に未来を託して。

コロナ禍の真っ最中にリリースされたシューゲイザー地下アイドルユニットのファースト・アルバムです。

「嗚呼、尊しあなたのすべてを
朽ちるとも　果てるとも　壊れた世界から守りたい」

最高。

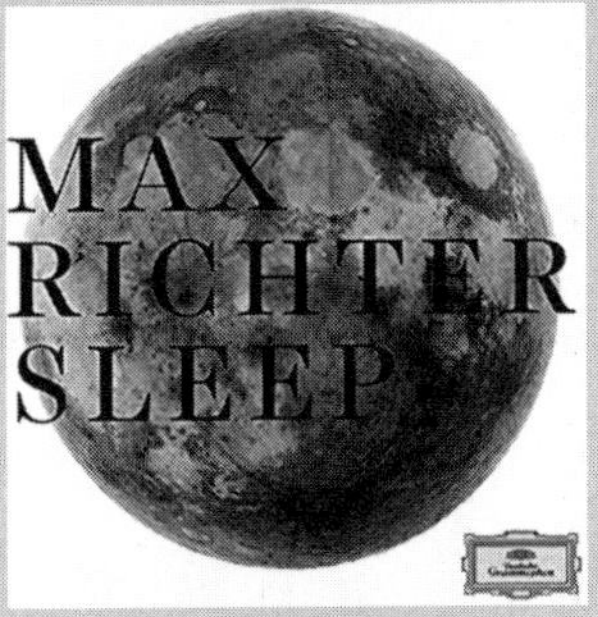

Max Richter – Sleep – Deutsche Grammophon Gesellschaft (2015)

RAY – Pink – Distorted Records (2020)

Epiphany

符牒と顕現

松村正人

このような世界の顕れはじめのころ、習近平、マクロン、トランプらの口の端にあいついでのぼったことばに「戦争」というのがあった。すなわちCovid-19パンデミックでわが国は例外状態に入り、私はいうなれば戦時のリーダーなのであるというあれである。橋下徹もたしか似たようなことをいっていた、フィリピンのドゥテルテやブラジルのボルソナーロもトランプの右にならうかのようだったが、彼らのいう戦争には内戦のふくみがあり、大統領選を目前にひかえた本家本元のトランプの発言が対民主党戦略としてその傾向をつよめるにいたって、ショックドクトリンと生権力がお手々つないだ統治機構はある側面では南北戦争以前に舞い戻ることを意味するのではないかと多くのひとが気づきはじめている――のかどうか、現時点ではいかんともいいがたいが、「戦争」のいち語は私のオブセッションをかきたててやまない。自粛生活に入りしばらくして、街中の静けさの底で幾多の感情が渦巻きはじめたころだった。私は妄念のようなものにと

（まつむら まさと）1972年奄美生まれ。編集者、批評家。雑誌『Studio Voice』『Tokion』の編集長を経て2009年に独立。編著に『捧げる 灰野敬二の世界』『山口冨士夫 天国のひまつぶし』、監修書に「ele-king」「別冊ele-king」など。フォークロック・バンド湯浅湾のベース奏者として『港』『脈』（boid）などに参加。著書に『前衛音楽入門』(ele-king Books)。

らわれはじめたが、暮らし向きはほとんどかわらなかったのは、ふだんから世間さまに会わせる顔がないと心のどこかで思っているとでもいうのだろうか、まことにつつましいものでした。この2月は編集の仕事の谷間にあたり、だれかに会ったり話したりする予定がなかったのも不幸中のさいわいだったのかもしれない。オンラインでの仕事があたりまえになるにはもうしばらく時間がかかる。いきおいじっとした毎日になった。しばらくして私はあのころのひたひたと迫り来る空気に以前もどこかでふれたのを思い出した、本のなかで出合ったおぼえがあったのである。私はそう思い、書棚の本をひっくりかえしはじめた。するとめったに手にとらないあたりからカミュの『ペスト』が出てきた。この本のことはその数日前に原稿に書いた、そこではル・クレジオの『隔離の島』やサラマーゴの『白の闇』もひきあいに出したが、マルケスの本がごっそり出ていてそういえば『コレラ時代の愛』ってのもあったなと残念がった。とはいえいま探しているのはそれでもない。出たとき買って読んだきり書棚のどこかにしまった本、それが記憶のなかで不意に符牒めいてきた。

みつけるまでちょっとてまどった。コロナ禍の自粛生活では、読者諸兄も思いあたるふしがあるやもしれぬが、部屋を片づけるならまだしも、調子にのって模様替えにのりだそうものなら、きのうまで手のとどく範囲にあったものが冥界のオルフェなみに遠ざからないともかぎらない。私もごたぶんにもれず、一念発起してレコード棚の位置をかえたおかげで書棚の一画が死角になり、そこから本をひっぱりだすには全盛期の土方巽のごとく重力と制度に抗う身体の動きが要る。ほうぼう探してみつからないのだからお目当ての本はどうやらあそこにありそうである。とはいえ不惑もなかばをすぎたものが肉体の叛乱をおしてまで手にとるべきものなのかどうか。いやここまできたらやらないと気がすまない。そのような深淵な煩悶のはてに私は意をけっして身を捩ったのである。

ジェイムズ・エルロイの『背信の都』をみつけるまでには上のような顚末があった――、と書くと、大山鳴動して鼠一匹との声も聞こえそうである。そのご意見は甘んじてうけいれるが、この本が本稿の触媒だったのはまちがいない。それよりもやはり符牒というべきだろうか。たいがいのひとはそうだろうが、私はなにかを聴いたり読んだり観たりするとき、自分なりの楽しみをさがしだす。だれかに説明するつもり、ましてや共有するなどもってのほかのひそやかな暗号めいた楽しみを私は符牒と呼び、レコードから本へ、本から映画やアートへ、連鎖する符牒をたどって暮らすなかで、この本は不意に自粛生活に入った日々のホームリスニングの糸口になった。『背信の都』上巻に以下の一文がある。登場人物のひとりケイ・レイクの1941年12月10日水曜日づけの日記で、悪徳警官の命をうけてアカの女王クレア・デヘイヴンのパーティに潜入するくだりである。

「わたしはぐるぐる歩きまわり、耳を傾け、求められれば口を開いた。レスニック医師はわたしを見かけ、わたしと見分けながら無視した。クルト・ヴァイルとロッテ・レーニャがあらわれ、ちょっとした騒ぎを起こした。ウラディミール・ホロヴィッツがサーチライトを浴びたピアノでバッハのパルティータを弾いた。その音は人々のおしゃべりでくぐもった。

みんな、もっぱら戦争のことを話していた」(佐々田雅子訳、編註は割愛した)

会場には無数の人間がうろついている。そのなかにはベルトルト・ブレヒトもいる。さっきまでピアノを弾いていたウクライナ人ホロヴィッツにかわってユダヤ系米国人のレナード・バーンスタインが席につく。むろん共産主義者とユダヤ人という自由主義とナチズムに二重に弾かれたものらのこのような集いは歴史上には存在しない。いわばきわめつけのフィクションだが、この本の中心にある日系人一家惨殺事件と同じく、第二次世界大戦前後の記号や状況を描きこむことで虚構は現実と重なり歴史の失われた可能態をほのめかす。作中の日記の日付はオアフ島での真珠湾攻撃から3日と経たない。戦争という姿なき巨大なものの足音はひとびとを戦《おのの》かせときに嬌態を演じさせる。ちょうど新型コロナウイルスという未知のものを前にした私たちのように。

私は文中のヴァイルの名前に目をとめた。すると、いまやスタンダードナンバーになった彼の歌の数々が頭のなかにこだました。つられてハル・ウィルナーがコンパイルしたオムニバスのヴァイル集『Lost In The Stars』に手を伸ばしたが、このころはうっとりするよりしっかりしたかったのだろう、ヴァン・ダイク・パークスやトッド・ラングレンはもちろん、ルー・リードからトム・ウェイツにいたる総花的な多様性はかえって気が散って楽しめなかった。お慕いもうしあげるダグマー・クラウゼも入っているが同断である。ただしチャーリー・ヘイデンとシャロン・フリーマンの「スピーク・ロウ」は身に染みた。ヴァイル作品に特徴的な旋律やハーモニーを抑制的に解釈した彼らの演奏は絢爛豪華なパーティ会場に迷いこんだ平服のカップルみたいで、なごむというと気をわるくされるかもだが、宴の終わりを告げるおもむきがあり、私はハル・ウィルナーの仕事にときおり肥大した自意識を感じて辟易するのだが、彼らを最後から二番目にしたその耳のたしかさはやはりなにものかである。とはいえ当のウィルナーが4月上旬に新型コロナウイルスの合併症で世を去るとは、このときの私は知るよしもなく、ヴァイルとヘイデンからの連鎖はテサード・ムーンの3作目、『plays Kurt Weill』と名づけたヴァイル集にすでにつながっていた。テサード・ムーンはピアニスト菊地雅章を中心にゲイリー・ピーコックとポール・モチアンがリズムセクションを担うピアノトリオだが、その形式が自動的に喚起するイメージとの偏差を探究するかのごとき彼らの演奏のあり方はときに抽象的でつねに解体的である、とはいえのちに登場するデレク・ベイリーら欧州の即興勢のならした道はとらず、和声やリズムの圏域にかろうじてひっかかる《テサード》領域で対話的な演奏をくりひろげる、彼らのヴァイル解釈ほどこの時期にふさわしいものはなかった。

なんとなれば、私が遠ざけたがったのは旋律ではなく、制度が産出するメロディが方向づけようとする感情の筋道だったことに、テサード・ムーンの演奏は気づかせてくれたのである。このことを深追いするとやすやすと紙幅を超過するのでふれないが、この特集の背後にもそのことはまちがいなくある。であれば私にとってのメロディとはなにか、つまるところ歌とはなにかとのこの問いに答えたのは「月」の符牒がよびよせたムーンドッグである。ここにあげたのは1950年代末から10年ほどなりをひそめた盲目の路上音楽家が大手で吹き込んだ復活作で、編成はオーケストラだが作者の質朴な楽想をもとにした音源に作為の影がさすことはない。あまりになさすぎてMGM映画のサントラ（「虹の彼方に」とか）風になっちゃったりもするが、ムーンドッグの音楽が、感情的なものであれ身体的なものであれ、機能主義的な生産性を度外視したところに結ぶ像には幼児と老人を二重露光にするようなたたずまいがある。歌はいまや男と女の商品化した性の交換様式にすぎないが、もともとは性別も年齢も、理想をいえば職業も年収も階級も民族も問わない唱和の世界だったはずだ。むろんかたくなな原理主義と潔癖な理想主義は思考停止の膠着状態を出来させるにちがいないが、歌を、消費するに任せるのはいい加減やめにしませんか。ホースやハレルヤズのレコードもまた、私にそのような気持ちをいだかせるに足る、歌のないホースの楽曲が不在のなにかを伴奏するように感じるのも、ベンヤミンが物語の産屋と呼びデュラスが部屋と名づける場所から導き出される柴山伸二の歌も、私には赤裸々な歌の心であり、この春くりかえしターンテーブルにのせたもののひとつだった。

　また自粛生活でハマッたのが新譜レコードのまとめ聴きだった。ただし対象はまっさらな新作ではなく旧作の再発あるいは発掘音源を加えた増補版。カンパニー名義の『Epiphany』はなかでもくりかえし聴いた作品で、別掲のリストではあたかもひとつの作品みたいに記したが『Epiphany』『Epiphanies I-VI』『Epiphanies VII-XIII』はじつは別もの。英国のHONEST JON'Sの仕事で、それぞれ2、2、3枚組で安くはないがどうせなら全部そろえたい。本書を手にとられた方ならお察しいただけるにちがいない、そのような諦念とも達観ともつかぬものにながされるままのわが暮らし楽にならざり、ぢつと手をみているとチャイムが鳴り、郵便屋さんがもってきたもののなかに往復ハガキがあった。いまどきめずらしいと思い、返信用の表書きをあらためると

I波書店の社名の印字が。不思議に思い、往信の裏面を読むと、14年前に刊行がはじまったさいに定期購読をもうしこんだフロイト全集の最終刊にあたる別巻が出るのだが、送ってもいいですか、どうですか、との連絡だった。私はびっくりした。なんとなればコンプリート済みだと思っていたから。何年か前の22巻目で最後だったんじゃなかったっけ。当時家人や友人も、いまどき新刊の全集を律儀に揃えるのはおまえと図書館くらいだと口をそろえたものだが、その図書館がコロナ禍で閉まっているからといって、新手の詐欺ではあるまいな、との疑念とともに私はまたしても掌《たなごころ》に落としかけていた頭をもたげ、ハガキにあった問い合わせ先の番号を押すと電話口に出た妙齢の女性は、なにせ7年ぶりの刊行ですから、いきなりお届けするのもなにかと思いまして、と恐縮の体。とはいえ、どうされます、と迫られると、レコードと同じでそれだけ欠けるのも気持ちわるいし、買いますというほかないのだが、どうせ買うのだからいきなり送りつけてもよかったかもしれませんね、と足元みられた気持ちからくる憎まれ口をきいたのはわれながらいただけなかった。天下のI波書店をとらまえて送りつけ商法と一緒にするとは失礼もはなはだしい。

ことほどさように自粛による日々の暮らしの速度と視線の角度の変化は私たちに気づきをうながす。さきにあげたカンパニーの表題になぞらえれば〝Epiphany〟とでもいえばよいだろうか。キリスト教の公現祭を本義に神の顕現や（直観的な）悟りなどの語義をもつこのことばに、主宰者であるベイリーはおそらく無媒介の気づきをみていた。

『Epiphany』の原作は1982年初頭開催の即興音楽祭「カンパニー・ウィーク」の実況盤として同年暮れに刊行とあいなっている。構想はオリジナルの自筆ライナーに詳しいが、80年代初頭のこの時期、ベイリーはどうやら即興音楽のあり方にゆきづまりを感じていた。拙著『前衛音楽入門』でも言及した、ジェイミー・ミューアからベイリーへの、即興はなぜいつも同じ道のりをたどるのか――という問いへの融通無碍な形式をかりた人的采配による実験とでもいえばいいだろうか、これを書いているいまから二週間ほど前に世を去ったキース・ティペットとその妻ジュリー、フレッド・フリスや米国人ではトロンボーンのジョージ・ルイスら有名どころのほかにも、クラシックのピアニストやハープ奏者、日本からもベースの吉沢元治とサウンドアーティストの鈴木昭男を招いた布陣はなるほど未知の化学反応への期待のあらわれにみえる。とはいえメンツと演奏の内容がかならずしも比例しないのが即興のむずかしいところで、全部で数時間になる演奏のすべてが革新的かといえば答えに窮するが、とるにたらないと思える箇所でもなんども聴くうちに焦点を結ぶのに似た輝き方をするのは、『ダブリン市民』『ユリシーズ』を著したモダニズム文学の巨人ジョイスのいう「Epiphany」すなわち観察をとおした事物の「魂」の不意の顕れを、録音物というテクノロジーのもたらす反復聴取が補足するかのようだった。

ベイリーがそのことに気づかないはずがない。音楽という時々刻々とたちあらわれつづけるものの記録《レコード》は、作曲者や演奏者、歌手やその場の聴衆といった当事者の手さえすりぬけた「Epiphany」を未来の他者へゆだねるヴィークルにほかならない。それをさして私が符牒と呼ぶのはここまでおつきあいいただいた読者にはもはやいうまでもないが、ともすればみおとしがちなあなたの部屋の星屑のごとき幾多の符牒に耳を澄ますにはいまという機会をおいてほかにないのではないか。

松村正人の10枚

Tethered Moon – plays Kurt Weill – JMT – 1995
Moondog – Moondog – Columbia Masterworks – 1969（『Moondog 2』も）
ホース – The Old Ones 〜the forgotten recordings of HOSE – Headz – 2019
Hallelujahs – 肉を喰らひて誓ひをたてよ – Org – 1986
Company – Epiphany, Epiphanies I-VI, Epiphanies VII-XIII – Honest Jon's – 2019
森山威男 – Mana – 徳間ジャパン – 1994
Herbert Eimert – Epitaph Für Aikichi Kuboyama – Sechs Studien – WERGO – 1966
Derek Bailey, Jamie Muir – Dart Drug – Incus – 1981
Pink Floyd – The Piper At The Gates Of Dawn – EMI Columbia – 1967（1997年のモノ盤再発）
Derek Bailey – Lot 74 - Solo Improvisations – Incus – 1974

ジム・オルークの10枚

選・文＝ジム・オルーク

Jim O Rourke

The Necks - Three - Fish of Milk（2020）

オーストラリアの不思議なトリオの新しいスタジオCD。今回はギターがあまり無いので良かった。

Hafler Trio - Mastery of Money - Touch（1992）

最近、ハフラー・トリオのディスコグラフィを最初から最後まで聞き直しました。長かった。

Autechre - Elseq - Warp（2016）

Autechre - Live in Helsinki - Warp（2020）

車ではオウテカだけを聴きます。

Kevin Drumm - Umbrella Shot (Bandcamp)（2020）

長年の友達が失敗無しで出し続けています。

CM Von Hausswolff - Addressing the Fallen Angel - Sakho (2019)
別の長年の友達も。

Luc Ferrari - Photophonie - Transversales Disques (2019)
ついにフェラーリ先生の映画のための音楽が出ました。このレーベルのフィリップ・グラスの『Music in Twelve Parts』のライヴのLP『Concert A Paris 1975』も最高です。

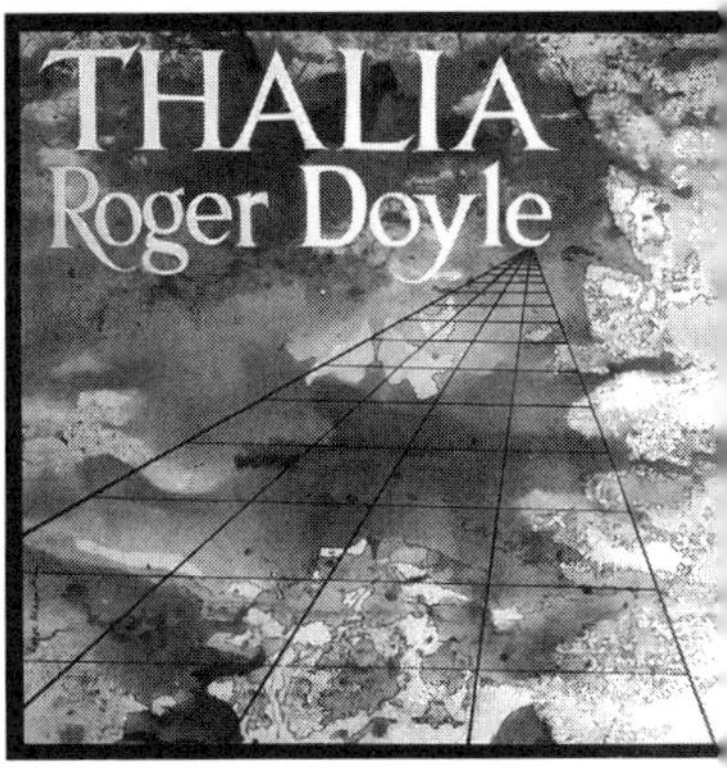

Roger Doyle - Thalia - Finders Keepers (2019) ※オリジナルは１９７８年
ボノの子供の頃のピアノの先生。彼に反対しないで下さい。

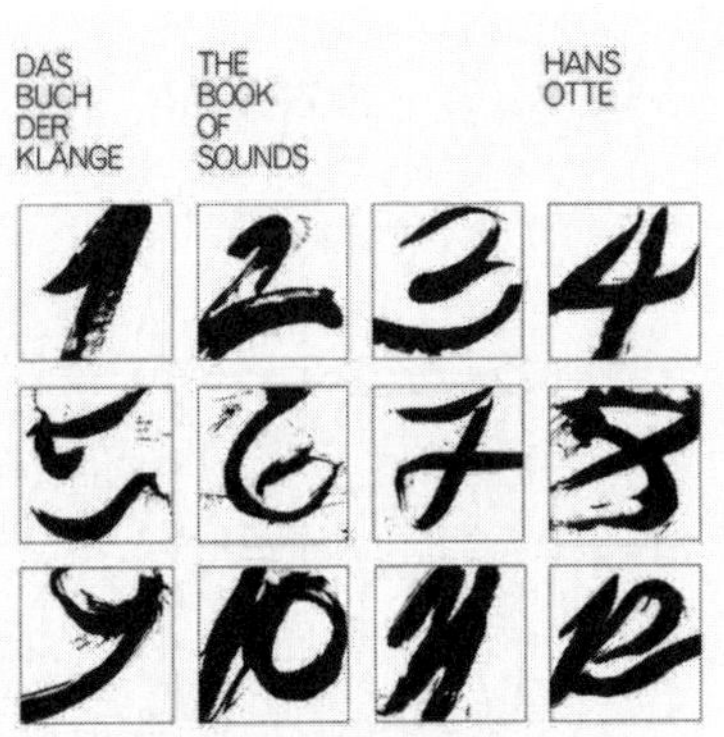

Hans Otte - The Book of Sounds - Kuckuck (1984)
昔から傑作。未来まで傑作です。

Tristan Murail - Portulan - Kairos (2019)
ミュライユの世代のフランスの作曲家はまだ過小評価されている。90年代に出したCDが段々珍しくなってきたので新しいCDが出て良かった。

/ 192 /

Home Listening Issue

編集後記

コロナ渦における外出自粛は音楽を集中して聴くには良い機会だった。しかも、いままでの人生のなかで経験したことのないことがほぼ世界同時で起きていたし、いままでにはない思いを感じながら、こんなときはどんな音楽がいいのだろうかと自分のレコード棚／CD棚を眺めていた。音盤選びは、決して簡単ではなかった。特殊な精神状態だったため、単純に自分がオールタイムで好きな音楽ならとりあえずオッケーということでもなく、まあ、たとえばサン・ラーの『世界の終焉』などはレコードをかけて数分で針を上げてしまった。そして、こんなときにほかの音楽ファンは何を聴いているのだろうかというのが企画のはじまりということは本文でも書いた。原稿をお願いした方々は、ぼくが知る限り、いまだにレコード店／CDショップなどで音盤を買っているような人たちで、1枚の作品を吟味するのが好きであろう人たちである。ぼくはリスナーとしては、広く浅く聴いている人よりも自分なりに深く聴いている人のことを尊敬している。

この企画を相談したときに真っ先に面白がってくれたのが松山晋也氏だった。水上はるこ氏と連絡が取れたのは松山氏のお陰である。水上氏はぼくにとって小6の冬に初めて買った洋学誌の編集長だった方であり、日本にパンクを紹介した重要なひとり。感無量です。小説家の星野智幸氏は、メキシコの長屋美保氏に紹介していただいた。ラテン繋がりである。また、この企画は松村正人氏にも協力いただいた。松山・松村と、かつて『STUDIO VOICE』の編集長を務めたおふたりの協力なくして、この別冊号はありえなかった。ありがとうございました。いまどきネットを見れば情報なんていくらでもあり、ソツのない原稿なんて誰でも書ける。それよりも、みなさんの人生が垣間見れるような文章が読みたかった。なぜなら、外出自粛の〝あのとき〟はほんとうに音楽があって良かったと思えたのだった。ですよね？

（なお、大前至氏、Mars89氏、松村正人氏以外の原稿はジョージ・フロイド事件以前に書かれたものです。）

別冊ele-king
いま家で音楽を聴くこと——コロナ時代の音盤選び

２０２０年８月５日　初版印刷
２０２０年８月５日　初版発行

編集　野田努（ele-king）
協力　松村正人、松山晋也
装丁　渡辺光子

発行者　水谷聡男
発行所　株式会社Pヴァイン
〒１５０−００３１
東京都渋谷区桜丘町21−2　池田ビル２F
編集部：TEL　０３−５７８４−１２５６
営業部（レコード店）：
TEL　０３−５７８４−１２５０
FAX　０３−５７８４−１２５１
http://p-vine.jp

発売元　日販アイ・ピー・エス株式会社
〒１１３−００３４
東京都文京区湯島１−３−４
TEL　０３−５８０２−１８５９
FAX　０３−５８０２−１８９１

印刷・製本　シナノ印刷株式会社

ISBN　978-4-909483-65-2

ele-king books

我が魔道の入口、かつて存在し、またはいまもしぶとく存在しているすべてのレコード店に捧げる

CONTENTS